商务谈判的语言技巧与话语博弈

王丽霞　赵凤卿 ◎ 著

吉林出版集团股份有限公司

图书在版编目（CIP）数据

商务谈判的语言技巧与话语博弈 / 王丽霞, 赵凤卿
著. — 长春 : 吉林出版集团股份有限公司, 2020.7
ISBN 978-7-5581-8725-4

Ⅰ.①商… Ⅱ.①王… ②赵… Ⅲ.①商务谈判－语
言艺术－研究 Ⅳ.①F715.4

中国版本图书馆 CIP 数据核字 (2020) 第 107534 号

商务谈判的语言技巧与话语博弈

著　　者	王丽霞　赵凤卿	
责任编辑	王　平　白聪响	
封面设计	李宁宁	
开　　本	787mm×1092mm　　1/16	
字　　数	190 千	
印　　张	13	
版　　次	2020 年 11 月第 1 版	
印　　次	2023 年 4 月第 2 次印刷	

出　　版	吉林出版集团股份有限公司
电　　话	010-63109269
印　　刷	三河市天功达印刷有限公司

ISBN 978-7-5581-8725-4　　　　　　　定价：58.00 元

前　　言

　　谈判看似与我们遥不可及，但细究起来日常生活中的每一讨价还价都是一次微型谈判，谈判离我们的生活并不遥远。人类作为社会性动物，彼此之间的交流必不可少，在人类社会中大到国与国之间的政治、经济、军事、外交、科技、文化的相互往来，小到企业之间、个人之间的联系与合作，都离不开谈判。在谈判所涉及的诸多领域之中，商务谈判在社会生活中扮演着日益重要的角色。

　　在商务谈判中，双方人际关系的变化主要通过语言交流来体现，双方各自的语言都表现了自己的愿望、要求，当这些愿望和要求去向一致时，就可以维持并发展双方良好的人际关系，进而达到皆大欢喜的结果；反之，可能解体这种人际关系，严重时导致双方关系的破裂，从而使谈判失败。因此，语言技巧决定了谈判双方关系的建立、巩固、发展、改善和调整，从而决定了双方对待谈判的基本态度。掌握商务谈判中的语言技巧，恰如其分的运用有声语言进行商务谈判，从而进一步提高商务谈判的能力，增加商务谈判成功的可能性。

　　与西方国家相比，我国对于现代商务谈判语言的研究起步较晚，由于历史原因，直到中共十一届三中全会以后，特别是改革开放以来，我们才逐步重视商务谈判语言研究，所以，总体而言，我们的研究还缺乏理论性和系统性。但迄今为止，我国的谈判专家和学者还是在本研究领域做出了不朽的贡献，我国商务谈判语言研究离不开这些前辈学者的付出。本书立足与我国当前于我国商务谈判语言研究的现状，希望能够在前人的探索基础上为我国商务谈判语言研究贡献一分力量。

　　本书较为全面、系统地分析研究了商务谈判以及语言运用对的相关技巧，全书共五章，主要内容包括：商务谈判的理论认识与内涵解读、谈判信息搜集准备与语言技巧、商务谈判的理论基础研究、商务谈判语言运用与观点表达技巧和商务谈判的思维与语言沟通问题分析等内容。本书的主要特点要表现在三个方面：第一，前沿性强，书中所介绍和引用的相关理论，都是国内外经典的或近几年兴起的；第二，重点突出，在全面分析的基础上，对某些谈判技巧和语言运用重点环节进行了详细的分析与研究；第三，应用性强，本书不仅有理论分析还有重要案例，对易忽略的环节作了强调性的处理。如专门列出一节来分析"谈判态势与策略"。书中所引用的案例都是近年来较有代表性的谈判实例，同时在每章中都穿插一些小案例和阅读材料。本书不仅针对高校工商管理、市场营销等专业的学生，也适用于广大工商界人士。

目　　录

第一章 商务谈判的理论认识与内涵解读

第一节 商务谈判的特征、原则与类别

一、谈判的定义、特点以及内涵

（一）谈判的定义

为了提高实际谈判的效率，人们需要弄清楚什么是谈判。这也是很多谈判研究者试图回答的第一个问题。

什么是谈判？在谈判研究的初期，无论是在美国还是在中国，都曾有人对谈判作为一门独立学科的科学性，甚至对谈判活动是否存在一定的规律性、是否需要对谈判进行研究等提出怀疑。有人认为，就其本质而言，谈判是一种骗术，并没有什么科学性或艺术性可言。随着对谈判实践及其理论研究的不断深入，人们越来越认识到成功的谈判实践需要有科学的谈判理论的指导。否定谈判研究的必要性及其科学性的人越来越少。但是，在认可谈判理论研究的科学性的前提下，由于文化背景的差异或考虑问题角度的不同，人们对谈判所做出的解释存在着很大的差异。

有关谈判的定义还有许多。从上面引述的若干定义中可以看出，有些学者主张将谈判理解为一种技能；有些则讲其理解为一个过程。总结这些观点，可以将谈判定义为：谈判是有关组织或个人为协调关系或化解冲突，满足各自的利益需求，通过沟通协调以争取达成一致的行为过程。

（二）谈判的特点

理解谈判的这一定义，必须掌握谈判所具有的几个特征。

1

一是目的性强。一般来说，谈判双方由于利益不同，它们的目的也并不相同，为了尽可能使自身的目的得到实现，就不得不采用谈判进行解决。所以说，人们参与谈判通常都是为了满足某些目的。

二是交流、沟通的双向性。从根本上讲，谈判可以解释为劝服和被劝服的行为过程，并依赖谈判双方或多方共同参与。

三是以双方共同受益为目的。它以非零和博弈为基本谈判原则。当谈判双方通过谈判达成一致时，所获得的收益以及损失之和不能为零，即不能因一方受益，而使另一方遭受损失，谈判的结果必须是双方共同受益，不能将谈判一方的幸福建立在另一方的痛苦上。谈判的目的是得到双赢，可以说，在成功的谈判中，谈判双方都是胜利者。

四是谈判同时含有"合作"与"冲突"两种成分，任何一方的谈判者都想使自身利益得到满足。为了达成协议，参与谈判的各方均须具备某一程度的合作性。缺乏合作性，双方难以进行谈判。但是，为了使自身的需要能获得较大的满足，参与谈判的各方势必处于利害冲突的对抗状态。否则，谈判就没有必要。因此，任何一种谈判均含有一定程度的合作与一定程度的冲突。

五是以互惠为目的，但并不均等。谈判多方不只是经济基础、谈判目标不同，它们的战略、技术也存在差异，所以谈判结果也具有非均等性。

（三）谈判内涵的科学解析

1. 谈判是一种普遍的人类行为

谈判是日常生活中很常见的行为，即人们通过协商对某一问题寻找最适合的解决办法，尽可能使双方观点达到一致并使双方利益最大化的过程。可以说每个人每天都在不知不觉中进行着谈判，谈判是一个无法回避的现实，它存在于人们生活的各个层面和各个方面。现实世界就是一个巨大的谈判桌，无论喜欢与否，都是一个谈判者。

长期以来，人们经常有一种误解，认为谈判只是谈判人员的事，是职业外交人员、政治家、商务主管人员才会面对的事。事实上，不管是在经济、政治，还是日常生活中，处处、时时都有谈判发生。

实际上，谈判具有广义和狭义两种概念。对谈判场合没有要求，只要求谈判主体以协调双方利益为目的进行商洽、讨论、交涉等活动，属于广义谈判。如在工资方面与领导进行的交涉、在购买商品时和卖家进行价格上的协商等等。谈判在狭义上则要求必须在正式场合发生，谈判主体针对某一重大问题按照相应程序，通过讨论等方式达成一致的行为过程。谈判，在人类生活中是一种普遍现象，它由古延续至今。随着社会发展，人们之间的交往愈发频繁，需要通过谈判解决的问题也在逐步增长。和古代不同的是，现代的人们以比过去更大的频率参与到更广层面的谈判之中。

谈判不但是一种普遍的人类行为，而且是一种必须予以认真对待的生活现实。谈判的过程如何，取得怎样的结果，对人们未来的生活和工作可能会产生十分重大的影响。著名未来学家约翰·奈斯比特（J. Naï）在评价尤里的《逾越障碍：寻求从对抗到合作的谈判之路》一书时认为："随着世界的变化，谈判正逐步变成主要的决策制定形式。"作为一种决策制定形式，谈判的过程及其结果直接关系到当事各方的有关利益能否得到满足，关系到决策各方的未来关系，关系到有关各方在未来相当长的时期内的活动环境。一次成功的谈判可能帮助企业化解重大危机，一场失败的谈判则可能将企业为开拓一个新的市场所付出的若干努力付诸东流。

2. 谈判艺术催生了年轻的谈判学

由于谈判与其他人类活动有着密不可分的联系，谈判行为的普遍性及其过程和结果的重要性促使人们去探究谈判活动的内在规律。自古以来，在大量文献中都有与谈判有关的某些研究，如对人们日常交流中的语言技巧的研究，对跨文化交流技巧的研究，对外交、军事关系的研究等。古今中外，有大量掌握了高超谈判技巧、出色完成各自使命的人物，如中国历史名著《史记》中所记载的蔺相如、毛遂、晏婴等。

将谈判作为一门学科加以系统研究是20世纪中期以后的事。曾任美国谈判学会会长的美国著名律师杰勒德·尼尔伦伯格（Gerard N）在其《谈判的艺术》一书的再版导言中宣称："当《谈判的艺术》一书于1968年初版之时，它开拓了一门新的学科,展示了一个新的研究领域。'谈判'一词,第一次获得了它的社会地位……作为一门学科……它已被视为一个包罗万象的体系,可以用来解决有关人类存在的一些最为棘手的问题——人际关系、企业间的关系和政府间的关系。"

确实,自20世纪60年代以来,越来越多的学者将研究视角转向谈判及其有关问题。其中,罗杰·费雪尔所领导的哈佛谈判研究项目享有很高的声誉。20世纪80年代中期以后,以大量的谈判研究成果为基础,顺应人才培养的需要,谈判课程进入越来越多的美国大学课堂。对谈判基本原理的理解和对某些基本技巧的学习运用已成为许多专业,尤其是商科学生的必修课程。

在中国,随着经济生活中各个层面谈判实践的大量增加,对谈判理论和实践技巧的需求也十分迫切。随着相关学科的学者纷纷介入商务谈判理论研究领域,商务谈判学的研究内容日益丰富。从与实践相结合的角度看,更能反映商务谈判学的学科属性和基本特征的主要研究内容有:对商务谈判活动及谈判者行为模式的研究;对不同谈判类型的特征的研究;对商务谈判思维方式与谈判语言运用的研究;对商务谈判环境、谈判心理、谈判气氛的研究;对商务谈判信息及其对于谈判活动的作用的研究;对商务谈判的数学及经济分析方法的研究;对政治谈判、外交谈判、军事谈判、经贸谈判、事务性谈判等与商务谈判的关联性和差异性的研究;对特定的政治、经济、法律及社会文化背景对商务谈判的制约作用的研究,等等。从20世纪90年代初起,谈判课程也逐步进入我国大多数高等学校的课堂。

谈判学作为一门学科的历史非常短,虽然是发展十分迅速,但仍然是一门年轻的学科。

二、商务谈判的定义及特点

(一) 商务谈判的定义

商务谈判,特指在经济活动中,谈判双方为了实现自身利益,就具体事件进行沟通从而达成一致的过程,它又被称作商业谈判。任何一项协议,都是因为各方利益不同才产生达成协议的愿望。在商品交易谈判中,买主和卖主对商品和货币都喜欢,但偏爱的对象却不同。卖主对货币的兴趣超过其对商品的兴趣,买主则相反，于是交易就这样达成了。

（二）商务谈判的特点

商务谈判包含在谈判中，不仅拥有一般谈判的性质，还具有以下特点：

一是以追求经济利益作为商务谈判的目的，商务谈判的核心是价格问题。

二是在商务谈判的过程中，谈判多方需要对自身利益进行调节，从而使利益更加接近，以助达成意见的统一。

三是在商务谈判中，不能仅以己方利益为转移，他方利益的实现也极为重要。若只重视己方利益，忽视了他方利益，谈判则有可能会破裂。

因此，共同性的利益和可以互补的分歧性利益，都能成为产生一项明智协议的诱因。商务谈判不是瓜分剩余利益，更不是为了打倒对方。谈判也是一种合作，必须追求共同利益，才能使双方都得利。[①]

三、商务谈判的原则解析

在现实社会中，商务谈判的内容各不相同，具有自身特色的同时，还有着共同的目标，即解决谈判各方的问题、满足利益需要。所以说，在不同的环境中，商务谈判存在一定的差异，也具有一些相同点，例如不仅对谈判者行为具有共同要求，而且也共同服从谈判者的利益追求。可以说，在人们参加商务谈判的过程中，必须遵守共同准则。

例如，百事可乐谈判的成功就在于它坚守了谈判中的一些重要原则。商务谈判具有很强的原则性，只有对谈判原则进行充分了解，才能对谈判行为进行具体的、有效的规划，指导谈判活动的正确发展，从而取得谈判的胜利。在商务谈判中，谈判者应遵循的原则主要有以下五个方面。[②]

（一）平等互利

商务谈判是一项互惠的合作事务。在任何一项商务谈判中，双方都应该是平

[①] 冯光明，冯靖雯，余峰. 商务谈判：理论、实务与技巧[M.]北京：清华大学出版社，２０１５
[②] 赵莉. 商务谈判[M.]北京：电子工业出版社，２０１３

等相待、互惠互利的。平等互利反映了商务谈判的内在要求，是谈判者必须遵循的一项基本原则。

进行商务谈判的必要条件在于参与谈判的各方地位、财富等方面都应该是相互对等的。当处于这样的情况时，谈判各方是相对独立的，由于地位、财富的平等性，它们在谈判中的地位也是平等的。只有这样，才可以共同推动谈判结果平等互利，避免产生谈判结果忽视了谈判其中一方利益的情况。如果在谈判过程中，谈判的一方失去了相应的地位以及财富，与其他谈判方产生不平等关系，那么其他谈判方也不会再将其视作谈判对象。在这种情况下，其他谈判方可能会选择其他途径达成其目的，谈判也就失去了本来面目。

商务谈判具有利他和利己性。利己性在于谈判多方都希望以谈判的方式实现目标、满足利益需求。而利他性则在于，谈判各方在满足己方利益需求前，要先提供对方相应的利益，这也是己方获取利益的前提条件。所以说，商务谈判既是利己的，又是利他的，这也是商务谈判必须具有的两个性质。

虽然说，商务谈判以平等性为基础，谈判各方共同受益，但是并不代表谈判各方通过谈判所得到的利益相等。在谈判中，任意谈判方都具有要求其他方让步的权力，而且，被要求方也需要对任意谈判方提出的要求做出反应。为了谈判各方能够更好地获取利益，让步是必需的。谈判方的不同也会导致让步幅度的不同。

谈判双方为了某些共同的需要而走到一起，互相合作；同时，谈判双方又都有着自己的需要，其作为不同的利益主体相互对立，发生冲突。如果谈判的某一方只考虑自己的利益，只想满足自己的需要，那么这种谈判就缺乏最起码的基础，最终也不能取得理想的结果。

许多谈判者往往过分强调商务谈判中的冲突因素，认为可用来切割的利益是有限的、固定不变的，而没有意识到通过合作，双方还可能找到更有效的解决问题的途径。西方学者常常用合作制作更大馅饼的情况来说明这一问题。谈判双方共同切割某一既定的利益，一方所得越多，另一方所得就越少；一方增加所得，另一方的所得就必然随之减少。这是一种典型的"赢—亏"式的谈判，其中冲突的因素要比合作的因素更为突出。

其中，在谈判中更应该重视和各个谈判方的合作，尽可能地减少冲突，从而构建"赢—赢"式谈判模式。在这一模式中，谈判各方需要进行合同，共同努力以求增加他们的利益总数。当他们的利益总数增加时，即使所获得利益的份额（假设５０对５０％不变，所得利益却会随之增加。美国的联合汽车公司和摩托公司就是一个很好的例子，他们发现如果按照原来谈判达成的协议进行下去，那么公司会发生停工或者破产现象，双方及时就这一问题进行了二次谈判，各自进行让步，避免了这一结果发生的同时双方也获得了更多利益。

其实，在现实中，谈判双方各持５０的份额其实并不常见，谈判各方更倾向于己方持有更高的份额。所以说，虽然在商务谈判中，合作更为重要，但是商务谈判的冲突却更为常见。所以，对于一个谈判者来说，应该注重合作和冲突的结合，谈判时也要注重灵活性，以平等互利为前提，为己方争取更大利益。

（二）把人与问题分开

无论何种类型的商务谈判，都依赖于谈判人员的参与，谈判人员对于谈判起到推动性作用。但是，由于谈判人员自身具有鲜明特征，对事物有自己独到的看法和感情，导致商务谈判具有一定的主观性，容易融入谈判人员的情感因素。

商务谈判的目的就是经济利益，必须从谈判多方的利益关系出发，尽可能地达成谈判各方利益目标。当谈判受谈判人员的情感影响时，有可能会使谈判目标从实际问题的谈判转换到谈判人员的问题上，导致谈判效率降低。在谈判中，谈判人员感情因素对谈判造成的影响难以真正避免，所以每个谈判者都应正视这一问题，将人和问题分开。只有这样，才有利于提高谈判效率，促进谈判达成。

但是，将人和问题分开，不代表在谈判过程中忽视人性。谈判人员只是需要注意不能将二者进行杂糅，而不是直接避过人的问题、不采取相应的处理策略。对于问题的处理上，需要注意以下三点：

首先，在发生问题时，谈判人员应该站在对方的角度，理解其观点，尽量了解产生这一观点的原因。每一个谈判人员对于一件事的观点，并不是凭空生成的，都有其特殊的原因。仅仅站在己方立场上，可能难以理解。只有充分站在对方立场，对其观点进行剖析，才能在一定程度上了解对方观点背后的原因以及所具有的理性和感性成分。所以说，理解对方是解决人性问题的基础。

其次，谈判人员应该充分重视谈判时产生的感情问题，并且采取相应的疏通方式。在参与谈判时，谈判人员是带有一定的主观情感的，当谈判行为产生变化时，他们的情感也会随之变化。所以说，谈判中的任意一方都需要重视对方的情感问题，同时也要根据对方的情感需求，做出相对的回应。不避讳谈判过程中双方情感的交流问题，并坦率地进行沟通；同时，面对对方谈判人员出现的过激情绪，不应做出直白的反应。并一定程度上避免谈判人员双方的相互指责。

最后，清晰有效的沟通对于谈判双方极其重要。在谈判中，谈判双方应该积极的对对方观点进行倾听，主动对这一问题进行沟通，在分歧中寻找相同点，求同存异，而不应一味地进行指责。在不断地沟通中认识以及明确共同追求的利益方向，理清谈判双方利益关系。

综上所述，将人和问题分开有利于谈判双方对问题进行更好地处理，尽可能减少了情感对谈判的不利影响，在一定程度上将消极因素转变为积极因素。

（三）重利益不重立场

谈判人员的立场和其利益息息相关。谈判人员的利益追求决定其所处的立场，因此，立场也可以反映出谈判人员的利益追求。很多时候，我们可以由一个人的言行判断其立场，但是，利益却很难判断。

谈判人员之所以处于某种立场中，是为了能够争取其利益需求。当谈判人员所处的立场难以对其利益提供帮助时，谈判人员就会对其立场进行审视，并且进行一定的改善，亦或直接采取放弃的方式。对于处于立场对立面的谈判人员来说，应对彼此的利益进行调和，而不是对立场进行调和。其实，将注意力放在双方的利益上，对谈判双方都具有积极影响，并具有以下两点原因。

第一，可能存在着几个可以使利益实现的立场。谈判人员对于某一种利益的追求，可以通过几个立场进行实现。比如，可以假设谈判的利益追求是使销售收入尽可能多，那么谈判人员的立场可以建立在维持价格稳定上，或是降低价格并提高售卖量上。这两种立场，都可使利益追求得到实现。所以说，谈判人员应该更加重视双方的利益，适当调节立场，使双方合作关系更加平稳坚固，从而谋求更多的利益。

第二，双方处于对立的立场时，其利益追求有可能是一致的。比如，可以假设谈判立场是坚持对延期发运货物进行严厉的处罚。通过这一立场，可以看出，卖方希望取得更多的订单，而买方则希望货物可以不间断供应，从本质上看，其利益其实是一致的。所以说，立场相互对立不等同于利益完全对立。判断双方利益一致的方面，以灵活有效的措施来取得这一利益，使谈判双方达成一致的共同利益。

在谈判的过程中，谈判双方不仅要关心己方利益，也应该对谈判对手的利益给予充分的关注。在确保自己利益不受损害的情况下，可以适当让出一部分利益，实现互惠共赢。适当的利益让步可以让谈判对手让其意识到他们可获得的利益，在一定程度上化解对方的抵触心理，同时，也让他们了解，即使在立场上双方存在不同，但是仍具有共同的利益。谈判人员在进行利益的交流时应尽可能地具体化，以此赢得对方的理解。

（四）　坚持客观标准

虽然，商务谈判的根本目的是使谈判双方互惠互利、共同合作。但是，尽管双方的谈判人员以互惠互利为谈判准则，尽可能地去维护合作关系，也难以避免分歧的产生。作为合作者，双方谈判人员希望减少分歧，稳固合作，但想做到这一点并不是轻易就能实现的。

面对分歧时，谈判者不能一味采用强硬手段使对方让步；以感情打动对方给予对方情感上的压力也是不科学的行动方式；同时，选择为对方让步，以己方利益的损耗而满足对方需求这一做法也是不可取的。当谈判人员凭借压力迫使对方屈服时，虽然可以带来一定的利益，但这样的利益并不长久，仅仅是一时的成功；同样，谈判人员的不断让步虽然有助于双方关系的维系，却让己方利益受损，难以让合作关系长远化。

所以说，在谈判中应该依据客观标准，以客观标准来对此次谈判做出准确公正的判断，使谈判双方不因压力转变立场，服从客观标准。在谈判中使用客观标准时，需要注意以下五点内容。

一是标准必须公平。可被谈判双方作为谈判基础的客观标准很多，一般有：价格指数、市场价格等等。在对于标准的选择上，应与谈判双方的意愿相独立并被谈判双方接受。

二是分割利益步骤必须公平。运用以下例子进行说明，当两个小孩共同分割一个苹果时，一个可以对苹果进行切分，另一个则可以优先选择苹果。这样就能保证分割的公平性，切苹果的小孩也会尽可能将苹果进行平均分，防止他拿到较少那一部分苹果。即通过步骤进行利益的平均分割。

三是将谈判利益的分割问题限制在寻找客观依据上。在谈判过程中，谈判人员可以多向对方提出问题，如：您为什么提出这个方案？具有什么理论依据？价格为什么是这个？您怎么计算出的？

四是将自己的理由进行阐述的同时，也要接受并认可对方合理、客观的依据。说服谈判对手时，需要用精细严谨的逻辑进行推理。同时，在接受对方的客观依据前，必须确定对方标准对己方是公平的。制约谈判对方的漫天要价行为可以通过认可对方合理标准来实现，面对两个不相同的标准时，也可对两个标准采取折中的方式。

五是对对方给予的压力不要屈从。谈判对方可以给予的压力多种多样，比如感情上的压力，或者提出一个固定价格并拒绝还价等。不论对方施行了哪种压力，都需要使谈判对方对其理由进行具体的阐述，讲明他们的客观标准。

（五）科学性与艺术性相结合

商务谈判是一门科学，同时又是一门艺术，是科学性与艺术性的有机结合。

商务谈判的科学性在于为了使商务谈判多方达成互惠互利的利益关系、满足各自利益需求，谈判者必须进行理性思考，根据科学规律制定出谈判方案。谈判行为受到客观环境以及客观条件的限制。如果不科学规划谈判活动，对谈判过程进行具体分析，就难以使谈判结果达到谈判人员的预期效果。

商务谈判的艺术性则在于谈判人员的情感、性格、经验各不相同，而这些因素会对谈判结果造成影响，但是这一影响的大小、好坏在谈判中难以进行预测，如果想使谈判成功，就要尽可能地调动、运用谈判人员情感、性格等因素，所以谈判具有艺术性。比如说，当处于相同的客观环境以及条件下，一场完全相同的商务谈判如果由不同的谈判人员进行，那么其结果也是不同的。

在一般情况下，商务谈判的科学性体现在环境分析、方案评估等问题上；而商务谈判的艺术性则体现在对谈判战术以及策略的选择上。

注重商务谈判的科学性，有利于谈判人员充分运用理性思维，发掘谈判中具有规律的现象，把握其客观发展趋势，从而对自身谈判行为进行正确规划；注重商务谈判的艺术性，有利于谈判人员灵活解决谈判中的问题，调节自身情绪，在变化多端的谈判环境中保持自身的反应灵敏度，以寻找更适合的方式来对预期目标进行实现。所以，在商务谈判中，商务人员应在重视科学的同时追求艺术，将科学性和艺术性相结合，采用正确的行为以实现自身目标。

四、商务谈判的类别划分

从客观上来看，商务谈判具有不同类型，只有对这些类型进行充分的认识，才能将商务谈判的内容以及特点更好地掌握，从而加强谈判有效性。商务谈判成功的基础，就是对商务谈判类型进行充分的把握。

（一）按商务谈判参加的人数规模分类

按参加谈判的人数规模划分，商务谈判可以分为一对一谈判和团队谈判。

1. 一对一谈判

一对一谈判是指谈判双方都只有一个人参加而进行的协商谈判。这种谈判方式一般用于项目比较小的商务谈判中。虽然出席谈判的各方只有一个人，但这不意味着谈判者不需要做准备。相反，由于谈判双方只能各自为战，得不到助手的及时帮助，所以，在安排参加这种类型谈判的人员时，一定要选择有主见，决断力、判断力强，善于单兵作战的人。性格脆弱、优柔寡断的人是不能胜任的。单人谈判虽然是一种比较困难的谈判类型，但也有优点，其优势在于以下几方面。

一是谈判规模相对较少，可以对谈判的时间、地点进行灵活变通。

二是谈判方式的选择具有灵活性。例如当谈判双方互相认识了解时，谈判也会比较融洽。

三是谈判双方人员可以对组织进行全权代表，有助于避免无法决策的局面出现。

四是有助于谈判双方沟通，同时对信息保密工作的开展也更为方便。

2．团队谈判

团队谈判也称小组谈判，是指谈判各方派两名或两名以上的代表参加的商务谈判。小组谈判是一种常见的谈判类型。在一些规模较大、情况复杂的谈判项目中，通常使用小组谈判的形式。这种谈判方式的效率较高，谈判双方分别指派几个谈判人员参与谈判，谈判人员之间互相分工协作，各取所长，推动谈判进展。它具有以下几点优势：第一，可以博采众长，采取更好的谈判对策；第二，可充分发挥团队优势，采取多种战略；第三，可以分工负责谈判的各个方面，各展其长；第四，可以将谈判对手的注意力分散，减轻谈判人员的个人压力。

（二）按商务谈判进行的地点分类

按谈判进行的地点划分，可分为主场谈判、客场谈判和第三地谈判。

1．主场谈判的解析

主场谈判又叫主座谈判，是指谈判一方在自己所在地以东道主身份组织的谈判。主场谈判包括自己所居住的国家、城市或办公所在地。

主场谈判优点突出，它可在自己熟悉的环境中进行谈判，会给主方带来许多方便；在心理上有安全感和优越感，易于树立自信心；可随时检索各种资料并予以充分利用，客方则无此便利；利用室内布置、座位安排乃至食宿款待等创造某种谈判气氛给对方施加影响；谈判出现意外情况可随时向领导请示。

但是主场谈判也存在一些缺点，比如谈判步入白热化时，对方可能会因压力过大，以资料不全为理由离开；对方可以以不在己方工作地点的诸多不便因素为由，随时终止谈判；谈判成本大，并且对方容易掌握己方具体情况。

2．客场谈判的解析

客场谈判也叫客座谈判，是指在谈判对手所在地进行的谈判。在客场谈判中，位于谈判对手场地的谈判人员会被资料齐全程度、场地舒适程度等条件制约，在此情况下，谈判人员要忽视自身困难推进谈判。

客场谈判的优势在于谈判人员不需要被己方公司事件干扰，可以全身心投入到谈判中；对手不能再以资料不全或其他因素为理由延长谈判的时间；能以己方在外谈判，不能及时向上级汇报，且授权有限为由，采取拖延战术，使自己由被动变为主动；可减少烦琐的接待工作。

由于谈判人员身处异地他乡，会有拘束感，会形成一些客观上的劣势，诸如谈判期限、谈判授权、信息交流以及可能的语言障碍；由于主办方过分的款待及娱乐活动会使谈判者失去斗志，所以谈判者要保持头脑冷静，与对方保持一定的距离，时刻记住自己的使命。

3．第三地谈判的解析

第三地谈判是指在谈判双方所在地以外的其他地方进行的谈判。当谈判双方存在较大冲突，或者是不适合主场、客场谈判时，可以选择比较中立的地点进行谈判。

这一谈判形式没有"主""客"的区别，谈判双方可以在第三地进行平等的谈判，在一定程度上避免其中一方处于不利地位。其次，在内容上可达成某种默契或协议。在第三地由于气氛冷静，不受干扰，双方都比较注意自己的声望、礼节，通常能心情平和地对待问题。其缺点主要是不利于双方实地考察和了解对方的状况等。

（三）按商务谈判的沟通手段分类

按沟通手段划分，可分为面对面谈判、电话谈判、函电谈判和网上谈判。

1. 面对面谈判的解析

面对面谈判是指谈判双方直接地、面对面地就谈判内容进行沟通、磋商和洽谈。在一般情况下，正规、高规格、重要的谈判，需要面对面进行。

这种谈判形式的灵活性较大。第一，可以通过面对面的方式，对对方的表情、态度进行直接观察，可以对对手的动机、需求等进行深入的了解，从而做出综合判断，对己方的谈判策略及时进行调整；第二，是一种较为规范的谈判方式。容易营造谈判氛围，使谈判者双方顺利进入到角色中；第三，具有细致的谈判内容。有利于谈判双方反复沟通，对于一些关键性的问题进行细致交流，充分沟通协议中的条款内容，促进目标达成；第四，面对面的谈判方式有助于谈判双方产生感情，加深对彼此的了解，对培养友谊和形成长久合作关系十分有益。

但是它也存在着一些缺点，一方面，对方谈判人员可以通过己方谈判人员的表情、态度等方面对己方的意图进行推测，己方目标利益容易被暴露在对方谈判人员的目光下。另一方面，这种谈判所需的决策时间较少。需要在面对面交流中做出决定，缺乏充足考虑时间，也不能向谈判的其他后台人员寻求帮助，对谈判人员的决策水平要求极高。而且，面对面谈判所消耗的费用也很高。谈判双方都需要额外支付招待费用，提高了谈判成本。面对面谈判也是所有谈判方式中，费用成本最高的。

2. 电话谈判的解析

电话谈判是指借助电话通信进行沟通信息、协商，寻找达成交易的一种谈判类型。使用电话进行谈判的优势是快速、方便、联系广泛。

但是，电话谈判容易被拒绝，有风险。电话谈判，双方互相看不见，"不"字更容易出口，而且，由于无法验证对方的各类文件，有被骗的风险。其次，某些事项容易被遗漏和删除，出现失误。多数情况下，电话方式谈判是一次性叙谈，往往是在毫无准备的状态下仓促面对某一话题，甚至进行某一项决策，谈判者有意无意地将某些事项遗漏或删除是在所难免的，因此容易出现失误。

3. 函电谈判的解析

函电谈判是指通过邮政电传、传真等途径进行磋商，寻求达成交易的书面谈判类型。

函电谈判方便、准确，有利于谈判决策。利用现代化通信手段沟通，能够做到方便、及时、快速，而且来往的电传、信函都是书面形式，做到了白纸黑字，准确无误，并且有比较充裕的时间思考，从而有利于慎重决策。同时省时且低成本。函电谈判方式可以使谈判人员无须四处奔波，省时又经济。

与其他谈判相比，函电谈判的沟通方式是使用书面文字，谈判双方并不会见面。在这种谈判方式中，极有可能因为书面文字的言不尽意，导致双方对其具有不同解释，从而引发谈判双方的纠纷。而且，讨论问题也往往不够深入、细致。

4．网上谈判的解析

网上谈判是指借助互联网进行协商、对话的一种特殊的书面谈判。网上谈判为买卖双方的沟通提供了丰富的信息和低廉的沟通成本，因而有强大的吸引力。

网上谈判加强了信息沟通，有利于慎重决策。它快速、联系广泛、可以备查的特点，可以使企业、客户掌握所需要的最新信息，又能使谈判双方有时间进行充分的分析，慎重决策，同时也降低了成本。采用网上谈判方式，企业大大降低了人员开销、差旅费、招待费以及管理费等，降低了谈判成本。

但是网上谈判要面对商务信息公开化，导致竞争对手的加入。还有互联网的故障病毒等会影响商务谈判的开展。

（四）　按商务谈判的态度与方法分类

按谈判的态度与方法划分，可分为软式谈判、硬式谈判和原则式谈判。

1．软式谈判的解析

软式谈判也称让步型谈判或关系型谈判。在这种谈判方式中，谈判人员将对方的谈判人员看作是自己的朋友，希望能够达成双方满意的谈判协议，从而为进一步地合作打下基础。软式谈判较为注重谈判双方间的信任度。

软式谈判的一般做法是：信任对方，提出建议，做出让步，达成协议，维系关系。软式谈判是一种关系型谈判。如果当事各方都能以和为贵，保持理解、宽容的心态，互相谅解、让步，对问题进行友好的沟通，那么此次谈判将是高效率、低成本的。这种谈判也有利于促进谈判者双方的关系。但是，这种谈判其实过于理想化。现实谈判中的各方，即使是在理性的前提下，也会在谋求合作的同时追求己方利益的最大化。当处于谈判双方相互信任并且处于长期合作关系，或者是双方合作所得利益高于己方所得利益的情况时，这种谈判是有益的。

2．硬式谈判的解析

硬式谈判也称立场型谈判。这种谈判，谈判者往往认为己方具有足够的实力，因此在谈判中提出自己的条件，强调己方的谈判立场。谈判者以是否依据己方立场达成谈判协议作为衡量谈判是否胜利的标准。在硬式谈判中，谈判者双方缺乏信任，容易使谈判陷入僵局之中，协议达成遥遥无期。即使达成了协议，谈判人员也会因为迫不得已的让步而产生消极心态，甚至会寻找方法对其进行反击，从而导致谈判双方合作破裂。只有在谈判难以进行下去时，才会采用硬式谈判，迫使双方不得已做出让步，采用这种谈判很难达成理想的协议，最后导致相互关系的完全破裂。

硬式谈判的目的在于取得本方立场的胜利，而不是为了达成谈判协议。谈判者双方往往将此次谈判看作是一场竞赛或者是搏斗，他们认为只有立场更强，他们才能收获更多。这种谈判忽视了互惠互利原则，在谈判中难以兼顾双方利益，着重于维护己方立场。

硬式谈判具有很明显的缺点，它只在两种情况中使用。一是一锤子买卖，这种谈判是一次性的，仅仅是为了获得胜利。二是谈判双方地位、财富相差较大，其中一方具有绝对优势。

3．原则式谈判的解析

原则式谈判，也叫价值型谈判或实质利益谈判，最早由美国哈佛大学谈判研究中心提出，故又称"哈佛谈判术"。这种谈判方式融合了软式谈判以及硬式谈判的长处，强调了谈判的公平以及公正。具有以下几点特征：一是将人和事分开。对人采取温和、宽厚的态度，对事则需要强势、坚定，将人和事差别对待；二是坚持公正。强调达成协议需要依照客观标准，公平公正；当双方的利益发生冲突时，坚持按原则处理；三是谈判中开诚布公而不施诡计，追求利益而不失风度；四是谋求共同的利益，放弃立场。努力寻找共同点，争取共同满意的谈判结果。

原则式谈判将理性和感情结合在一起，更有利于实现谈判中互惠互利原则。随着当前社会发展，对原则式谈判的推崇也日益加深。

原则式谈判的运用对自身具有一定的要求：首先，谈判者双方必须顾全大局，在谈判中互相尊重，进行平等协商；其次，在处理问题上，必须坚持客观、标准、公正的原则，谈判方案需使谈判双方受益，并着重解决谈判问题；最后，在面对分歧时，应该求同存异，相互谅解、让步，争取取得双赢的局面。

（五）　按商务谈判的商务交易的地位分类

按商务交易的地位划分，可分为买方谈判、卖方谈判和代理谈判。

1. 买方谈判的解析

买方谈判是指以购买者的身份参与谈判。显然，这种买方地位不以谈判地点而论。买方谈判具有以下几点特征：第一，买方注重对货品信息进行搜集，有助于买方对价格、质量方面的判断；第二，尽可能获取更为低廉的价格。一般情况下，买方不会直接成交，即使是二次购买，买方也希望价格能够更优惠。而且，在买方地位的谈判中，买方往往认为自身的地位较高，具有一定的优越感。

2. 卖方谈判的解析

卖方谈判是指以供应商的身份参加的谈判。同样，卖方地位也不以谈判地点为转移。卖方谈判的主要特征如下：

首先，出击。卖方在谈判中应尽量主动积极，以谋求自身利益最大化；其次，虚实结合。在谈判中，当己方为卖方时，在态度上必须诚恳真诚，同时又要软中带硬，坚持既定价格。当对方为卖方时，又要注意甄别对方得虚实，为自己取得更优惠的价格；最后，动静结合。卖方谈判应注意采用时而急促时而平缓的谈判手段。其目的都是为了克服来自买方的压力和加强卖方的地位。

3. 代理谈判的解析

代理谈判是指受当事方委托参与的谈判。代理又分为全权代理和只有谈判权而无签约权代理两种。代理谈判具有几下几点特征：一是权限意识强，仅在其被授权的范围内处理事务；二是谈判人员的地位比较客观，仅作为谈判代理者；三是谈判人员受人之托，为获得更好的业务代理费用，谈判人员的态度往往比较热情积极。

（六）按商务谈判的谈判所属部门分类

按谈判所属部门划分，可分为官方谈判、民间谈判和半官半民谈判。

1. 官方谈判的解析

官方谈判是指国际组织之间、国家之间、各级政府及其职能部门之间进行的谈判。

官方谈判的特征在于：谈判人员具有较高的实力以及级别；谈判的信息处理及时，节奏较快；对保密和礼貌十分注重。

2. 民间谈判的解析

民间谈判是指民间组织之间直接进行的谈判。

民间谈判的特征在于：机动灵活、计较得失、相互平等、重视私交。

3. 半官半民谈判的解析

半官半民谈判是指谈判议题涉及官方和民间两方面的利益，或者指官方人员和民间人员共同参加的谈判、受官方委托以民间名义组织的谈判等。半官半民谈判兼有官方谈判和民间谈判的特点，表现为：谈判不仅要关注官方利益，还要重视民间利益，对谈判的制约因素较多；在解决问题时，回旋的余地也较大。

（七）按商务谈判的谈判目标分类

按谈判目标划分，可分为意向书谈判、协议书谈判、合同书谈判、准合同谈判和索赔谈判。

1. 意向书谈判的解析

意向书是一种简单的意向声明，也有人称备忘录或谅解备忘录，可以对谈判各方的愿望进行说明，或者是一种可能发生的承诺。意向书谈判并不能构成合同义务，具有备忘的功能。

意向书谈判的特点，一般是：谈判可发生在谈判初期、中期或后期，针对交易总体的、原则的或个别问题，是一种比较灵活的谈判。

2. 协议书谈判的解析

协议书谈判是指谈判各方对特定时刻双方立场的系统概括的文件，有时也称为原则协定和框架协定。

协议书谈判的特点，一般表现为：由于文件描述的仍是双方原则意向，即使是一致的意向，也因其缺乏合同要件而无约束力，仅仅被当作是过渡性的文件。但是，和意向书相比，协议书的内容更加丰富，对双方立场的表述更加具体，对双方共同点的阐述也较多。但是协议书和意向书在本质上仍属于同一类。

3. 合同谈判的解析

合同谈判是指为实现某项交易并使之达成契约的谈判。所谓合同，即应具有最基本的要件，包括商品特性、价格、交货期。如果在谈判中，双方就质量、付款方式、费用、标的、期限、数量等方面达成谈判协议，并通过法律将其进行规定，那么这种谈判方式即为合同谈判。

合同谈判的特点，一般为：由于这种契约与法律的刚性使谈判者在谈判中会直奔目标，对该目标据理力争，为达到目标手法多变。

4. 准合同谈判的解析

准合同谈判是指带有先决条件的合同，先决条件是指决定合同要件成立的条件。如许可证落实问题、外汇筹集、待律师审查或者待最终正式文本的打印、正式签字等。

准合同谈判特点在于：其内容格式和合同相同，可以较全面地将谈判双方意愿进行反应，具备成立合同的要件；因为双方同意的保留而使交易双方谈判结果停在"准"水平上的原因既有原则问题，如许可证、外汇、法规要求的程序需要完成等；也有非原则问题，如打字、印刷装订、审检等；准合同在先决条件丧失时自动失效。

5. 索赔谈判的解析

索赔谈判是指在合同义务不能或未能完全履行时，合同当事双方所进行的谈判。在众多的合同履行中，违约或部分违约的事件屡见不鲜，因此，形成了一种特定的商业性谈判，人们把它称为索赔谈判。

无论是数量、质量、期限、支付还是生产、运输、索赔等的谈判，均有以下特点：重合同，重证据，注意时效，注重关系。

（八）按商务谈判的纵向谈判与横向谈判分类

按纵向谈判与横向谈判划分，可分为纵向谈判与横向谈判。

1. 纵向谈判的解析

纵向谈判是指在确定谈判的主要问题之后，逐个讨论每一个问题和条款，讨论一个问题。解决一个问题，一直到谈判结束。比如，在一项关于产品交易的谈判中，双方需要对质量、价格、保险、运输等几项内容进行沟通，在谈判开始时，需要先沟通质量问题，只有在质量协商完之后，才可以依次进行其他问题的讨论。

纵向谈判的优点在于：一是程序明确，可以使复杂问题变得简单；二是，在进行纵向谈判时，每次仅就一个问题进行讨论，对该问题的讨论比较深入，解决也相对较为彻底；三是在一定程度上避免了多头牵制、讨论却不决策的情况发生；四是纵向谈判适合被用于原则式谈判上。

纵向谈判也具有局限性。首先，纵向谈判对于议程的确定比较死板，对谈判双方的沟通具有不利影响；其次，当其中的一个问题进入僵局时，其他问题也难以得到解决；最后，谈判人员的创造力以及想象力难以被充分发挥，对谈判中存在的问题难以灵活处理。

2. 横向谈判的解析

横向谈判是指在确定谈判所涉及的主要问题后，开始逐个讨论优先确定的问题，在某一问题上出现矛盾和分歧时，把这一问题放在后面，先讨论其他问题。

如此周而复始地讨论下去，直到所有问题都谈妥为止。比如，在进行资金借贷的谈判时，谈判具体内容包括还款、贷款期限、金额、担保，等等，如果双方不能在还款问题上达成一致，就可以先跳过这一问题，对贷款期限、金额等问题进行讨论。当解决了其他问题之后，再讨论还未达成一致的问题。

这一谈判方式的优点在于：一是议程比较灵活；二是多个问题可以同时进行讨论，便于解决方法的变通；三是可以将谈判人员的想象力以及创造力充分地发挥，使其能够更好地使用谈判策略以及技巧。

横向谈判方式的不足之处在于以下几点：首先，它促进了双方讨价还价的激烈化，使双方做出的让步对等；其次，易使谈判人员忽略主要问题，反而在小问题上进行纠结。

（九）按商务谈判的谈判参与方的国域界限分类

按谈判参与方的国域界限划分，可分为国内商务谈判与国际商务谈判。

1. 国内商务谈判的解析

国内商务谈判是指国内各种经济组织以及个人之间所进行的商务谈判。它包含国内的商品运输谈判、联营谈判、借款谈判、商品购销谈判、仓储保管谈判、经营承包谈判等。在国内商务谈判中，谈判双方使用同一种语言，具有一致的观念，在一定程度上可以防止文化背景差异影响谈判结果。而谈判双方也可以专注地致力于调整双方利益，以寻求共同利益。这一谈判方式可以使谈判人员的技巧、策略得到充分利用，发挥其主动性以及积极性。

2. 国际商务谈判的解析

国际商务谈判是指一国政府以及各种经济组织与外国政府以及各种经济组织之间所进行的商务谈判。它包含易货贸易谈判、现汇贸易谈判、合资经营谈判、劳务合作谈判、补偿贸易谈判、技术贸易谈判、租赁业务谈判等。但是，由于国际谈判中谈判人员来自不同的国家，他们的价值观、道德观、信仰等具有非常大的差异，对谈判具有严重影响，也导致国际商务谈判相比国内商务谈判而言，其谈判形式以及谈判内容更为复杂。

第二节　商务谈判的模式解析

模式强调的是形式上的规律，即前人积累的经验的抽象和升华。简单地说，模式就是从不断重复出现的事件中发现和抽象出的规律，是解决问题的经验的总结，是一种认识论意义上的确定思维方式。商务谈判的模式就是在商务谈判的社会实践当中通过积累而得到的经验的抽象和升华。[①]

一、商务谈判模式的三个进程

商务谈判模式的三个进程指的是谈判的步骤应该由申明价值（Ｃｌａｉｍｉｎｇ　Ｖａｌ）ｕｅ创造价值（Ｃｒｅａｔｉ和克服障碍ｅ（Ｏｖｅｒｃｏｍｉｎｇ　Ｂａｒｒｉｅｒ三个进程构成。

（1）对价值进行申明。这一过程主要是把谈判锁定在第一个阶段，需要谈判的双方先进行完全的沟通，进而表达各自的利益，共同得出彼此能够满意的对策。这一阶段最为重要的是挖掘对方的真实需求，这就要求一方多向另一方提出问题，以此探求对方的真实意图，除此之外，还需要将自己的观点进行明确申明。

（2）对价值进行创造。这是谈判的第二阶段，这一阶段不仅要明群双方利益，还需要挖掘对方的真正需求，不过，通过这种方式不能满足人们对利益最大的追求，换句话说，无法将利益放在一个均衡的位置。所以，这一阶段所谓的创造价值便起到更人的效果，这种把双方利益放在重要的地方，并能够充分实现双方利益的最大化，但是，尽管这一阶段效果明显，但是不太适用与商业谈判领域。

（3）克服障碍。此阶段针对的是谈判的攻坚阶段。谈判障碍一般来自两个方面，一个是谈判各方彼此利益存在冲突，这种障碍需要各方按照公平合理的客观原则协调彼此的利益来解决；另一个是谈判者自身在决策程序上存在障碍，这种

[①] 龚荒. 商务谈判与沟通：理论、技巧、案例、视频指导（第二版）[M.]北京：人民邮电出版社，２０１８（２０１８重印）

障碍就需要谈判无障碍的一方主动去帮助另一方顺利决策。

二、商务谈判模式的"NOTRIC"谈判能力

在一个谈判过程中，是否拥有较好的谈判能力至关重要，对于谈判双方来说，拥有较好的谈判能力的一方在谈判过程中将始终处于上风，这必然导致谈判的利好结果朝向善于谈判的一方，该原则在商务、政务等谈判过程中都能适用。通常来讲，谈判能力由 Need（需求）、Option（选择）、Time（时间）、Relationship（关系）、Invest（投资）、Credit（可信性）、Knowl（知识）、Ski（技能）八个方面构成。那么接下来我们将一一进行解析：

首先要说的是需求（Need）这基本表现在谈判的过程中，假如出现一方对另一方要求过多，那么被要求的一方将拥有制胜权，也就是掌握更好的谈判能力。

第二，选择（Option）如果可选择的机会越多，就越拥有较强的谈判资本。如果对方认为己方的产品或服务是唯一的或者没有太多选择余地，那么就会增强己方的谈判能力。

第三，时间（Time）时间是指谈判中的时间限制。如果买方迫于时间的压力，则自然就会增强卖方的谈判力。

第四，关系（Relation）中国人一般喜欢与熟人谈判，如果与对方之间建立了强有力的关系，那么在同众多的竞争对手竞争时就会拥有关系力，这种关系力会增强己方的竞争力。

第五，投资（Invest）这种投资并非是金钱方面的投入，而是时间和精力的投入，这种投入一般表现在一个谈判协议中，承诺越多则谈判能力就越少，两者存在负相关关系。

第六，可信性（Credit）一个人或者产品拥有的可信性越大，那么在谈判时就会增强其谈判能力。如果推销人员知道己方曾经使用过他方的某种产品，而产品又具有价格和质量等方面的优势，则无疑会增强卖方的可信性，从而增强其谈判的能力。

第七，知识（Knowl）如果充分了解顾客的问题和需求，并拥有市场、

产品等方面的知识，那么这些知识无疑增强了谈判力。反之，如果顾客对产品拥有更多的知识和经验，顾客就有较强的谈判力。

第八，技能（Ｓｋｉｌ）拥有与谈判相关的技能越多，谈判能力就会越强。当然这些技能常常是综合性的，包括沟通技能、操作技能、谈判技能、领导技能、冲突处理技能等。

三、商务谈判模式的"ＰＲＡＭ谈判模式

协商式谈判区别于竞争式谈判，而协商式谈判可以作为构建"ＰＲＡＭ模式的基础。并作为一种谈判艺术而存在，这种意识可以称为"ＰＲＡＭ谈判模式的灵魂。

"ＰＲＡＭ模式是由制定计划（Ｐｌａｎ建立关系（Ｒｅｌａｔｉｏ达成协议ｐ（Ａｇｒｅｅ）ｍ协议履行和关系维持（Ｍａｉｎｔｅ）这四个部分构成。

第一，制定计划（Ｐｌａｎ正式谈判前首先要制定谈判计划，在谈判的进度上加以指导和规范。当对谈判计划进行创建时，一定要明确双方的谈判目标。并且对两者进行比较，以此得出共同的利益所在，最终体现在正式的谈判中，并得到双方的一致认可。

第二，建立关系（ｒｅｌａｔｉｏ与对方达成很好的合作关系，力求双方处于良好的协商环境中。

第三，达成协议（Ａｇｒｅｅ）ｍ实质性的谈判需要以双方建立互信为前提，求同存异，将不同的意见进行协商最终实现双方满意的结果。

第四，协议履行和关系维持（Ｍａｉｎｔｅ）ｎ使谈判能够得到更好的落地实施，是谈判人员在谈判中希望达到的目标。不过，谈判过程中经常出现这样的错误观念：并不是双方达成一个满意的协议，便可以高枕无忧，以此放心大胆的履行其义务和责任。其实，这仅仅是表面现象，问题出现在将协议书代替人的主体去履行实施，殊不知出现本末倒置，所以，应该依据协议书的内容，有效推进协议顺利落地实施。必须保持与对方的接触和联络，以维持协议的正常履行。

第三节　商务谈判的作用与评价标准解析

一、商务谈判作用的解析

随着市场经济的深入发展和日趋完善，企业之间的交往越来越频繁，商务谈判在经济和企业活动中将起到越来越重要的作用。

在市场经济条件下，商务谈判是企业生存和发展的重要的经济外交活动。就其作用来看，主要有以下三点：第一，商务谈判是企业实现经济目标的手段。企业是以获取经济利益为基本目的的，每一桩采购的成本谈判，每一次销售的数量谈判，每一次交易条件的优惠谈判，最终都会影响到企业的经济效益。所以，企业必须高度重视与外在合作的各种谈判工作，从效率和效益的角度提升谈判的经济效益。第二，商务谈判是企业获取市场信息的重要途径。市场信息是反映市场发展和变化的各种消息、情报和资料等。而商务谈判则是企业获取市场信息的重要途径。谈判前对对方的资信、经营等一般情况的调查，谈判中对对方交易需要的了解和相互磋商，常常可以使谈判各方得到有益的启示，从中获取许多有价值的信息，从而提高企业经营决策的科学性。第三，市场和商务谈判在企业的发展过程中存在一定的关联性，前者决定了企业的发展进程，后者成为企业发展的重要力量。如今，市场经济发展迅猛，商务谈判的作用显得尤为重要，这也成为企业在市场中获取更好发展机会的重要对策之一。在中国入世以来，国民经济逐步国际化、资本化，导致政府及大中型企业不得不面临国际市场环境的竞争，即更多的机遇也伴随着更多的挑战。

二、商务谈判的评价标准解析

商务谈判的成功标准说法各异，无论谈判人的谈判经验丰富与否，依然没有统一的认知口径。比如有人说商务谈判的成功评判标准取决于己方能够获得更多的利益；另一种则是己方拥有强大的气势和其他许多有利条件，不过，这种认知都是错误的。

成功的谈判需要建立在双方互利共赢基础上，将既定目标和预期目标进行均衡，不能为了自己的利益咄咄逼人，也不能一味地迁就对方而委曲求全，双方应建立公平的协商环境，不仅要最大化的满足对方需求，还要兼顾自己的目标预期，以此实现双方都满意的协商结果，这才是成功的谈判。

美国谈判学会会长、著名律师杰勒德·尼尔伦伯格曾说，所谓的谈判跟下棋或者打仗并非一回事儿，不是那种非要经过杀戮才能得到和平，也不是决出胜负才能赢得胜利。而是双方在谈判中始终以公平为基础，让双方都能够得到彼此满意的结果，这样便能更好地满足自身利益，所以，如果要给商务谈判成功与否设立标准的话，就要根据合作的利己主义观点进行如下总结：

第一，目标实现标准。

对一个谈判目标的实现，需要放在具体的谈判项目上，这样便能实现谈判目标的最优化。如业务人员，其惯用的谈判技巧是对谈判目标提前进行规划，也就是以实现自己的利益为最终目标，然后经谈判后与自己的预期目标加以比较，看是否达到自己的预期或者离预期有多少差距，这是评价业务洽谈是否成功的标准。然而，这种将利益目标单一的理解为预期谈判目标，显然有失偏颇。因为商务谈判类型的不同，参与谈判的人员也不同，相应设定的谈判目标也存在较大的差异。这可通过具体的项目谈判来加以厘定，比如关于如何举办合资企业，在谈判过程中如果站在中方的立场，会很大程度上将谈判目标设定在拿到更为合理的控股权合资生产某种产品；而如果是洽谈租赁业务，那就将用最少的租金租到功能更全的某一种设备作为基本的谈判目标。

第二，效益标准。

谈判与经济活动有一定的相似性，两者目标一致，也就是都看重成本和效益。通常来讲，可从三个方面对谈判成本进行分析：第一，谈判之间折中后的结果，也就是双方预期和实际两种收益间的差额；第二，谈判中损耗的人力、物力、财力和时间等各项资源成本之和；第三，以上涉及资源损耗，这是企业保持正常生产经营利用到的成本，用来衡量为企业创造的价值量，或者说这种资源的损耗影响到对机会的获利，因此造成的损失进行效益计算。所以，多数人都会看重谈判中的得失，而轻视另外两种成本，不过，对谈判利益进行考核，其中较为重要的一点准确计算谈判成本。谈判效益是指在谈判中得到的一部分收益和谈判中耗费的一部分成本中两者间存在的对比关系。因此，成功的谈判取决于更低的谈判成本花费，更大的目标获益。

第三，人际关系标准。

良好的商务谈判，决定了社会中的两个组织或者企业正常顺利发展的经济活动。这种谈判既是得益于业务人员间个体的经济行为往来，又充分体现了组织机构间的合作关系。所以，一场成功的谈判，一方面对一些经济指标进行考量，比如谈判各方划分的市场份额、分摊的资本及风险以及分配的利润等，另一方面要考量经谈判后双方之间的人际关系，即谈判后双方处于良好的合作促进，还是关系出现破裂。通常将具有一定战略眼光的谈判者称之为谈判中的高手，他们对谈判的利益并没有很强烈的期待，而是放在长久的合作共赢上，因此建立更为融洽的长期合作关系，对企业发展来讲无疑是最大的财富，所以，达成这种长期互利共赢的关系，也称得上是成功的谈判。

综上所述，通过以上三个标准可知，衡量一场谈判是否成功，不仅体现在双方的需求是否得到最大满足，还表现在是否建立长期稳定的互惠合作关系，另外还要考量双方谈判的实际获益是否远远大于谈判的成本。这也就充分解释了那句话，即"把蛋糕做大"，实现谈判双方"双赢"的局面。

第二章 谈判信息搜集准备与语言技巧

在商务谈判中，想要取得满意的谈判结果，谈判信息和谈判语言起着至关重要的作用。本章围绕着商务谈判信息的搜集处理与语言技巧，论述了商务谈判信息的界定与内容，搜集与处理以及语言和非语言技巧。

第一节 商务谈判信息的认识与界定

一、商务谈判信息的界定

（一）商务谈判信息的定义

信息是开放社会环境中将人们的政治、经济、文化和社会生活紧密联系起来的重要媒介。信息是一种无形的财富和资源，它既可以使不确定的知识确定化，又会为信息接收者带来某些变化，帮助其实现某种利益。[①]

什么是谈判信息？根据一般的理解，谈判信息是指与谈判活动有密切关系的各种情况及其属性的一种客观描述。这里所说的各种情况，既包括谈判主体（当事人）的情况，如当事人的职业、性格、年龄、社会阅历等；又包括影响谈判进程或结果的各种客观环境，如国家政策、法律规定、贸易惯例、风俗习惯和一些偶然因素等；还包括与谈判主题直接相关的情况，如产品的销售状况、技术水平、产品质量等。

概括起来讲，商务谈判信息就是指那些关于参与商务谈判各方当事人的信息和直接或间接影响谈判内容、谈判进程、谈判结果的信息。

（二）商务谈判信息的特点

商务谈判信息具有以下几个明显的特点：第一，谈判信息的系统性。谈判信

[①] 杨易. 商务谈判艺术 [M.]北京：金盾出版社，2011

息是一个体系，即它是由若干个具有特定内容和有相关性质的谈判信息所构成的彼此联系、相互作用、相互制约的信息体系。因为任何谈判活动都不可避免地受到多种因素的制约和影响，而且随着客观环境的变化，总是呈现出错综复杂的情况，所以谈判信息不应仅仅是对某一方面、某一片段或者某一时段的客观描述，而应当是多侧面、多层次、多时段的信息。例如，应该全面系统地搜集对方谈判人员的信息，包括年龄、性格、工作经历、个人爱好、社会背景、家庭状况等。

第二，谈判信息的时效性。信息价值的大小在很大程度上取决于这些信息能否及时送到接收者手中。市场情况瞬息万变，在激烈的市场竞争中，从事生产经营的各个企业，耳目是否灵通，对市场变化的反应是否敏捷，能否及时抓住各种有利的机会并采取相应的对策，直接关系到企业谈判的成效。为此，信息搜集者应该具有很强的时间观念，一旦发现与本次谈判有关的信息线索，应立即追踪，迅速获取。唯其如此，才能使企业及时地作出或调整各种相应的决策，从而在谈判中立于不败之地。如果信息搜集者反应迟钝，行动缓慢，就会使企业的决策落后于变化的市场形势，势必使己方在谈判中处于被动的地位，使经济利益蒙受重大损失。

第三，谈判信息的复杂性。谈判信息的复杂性，首先是指谈判信息通常是真伪混杂、良莠难辨。真实性是人们对信息的根本要求之一，信息应该是对客观现象及其运动做出符合实际的描述。然而在现实生活中，往往很难做到这一点。究其原因，一方面是由于信息搜集者受自身的知识水平、业务经验所限而不能对信息作出正确的判断；另一方面，是因为搜集到的谈判信息本来就是一种错误的引导。在商务谈判中，经常可以看到这样一种情况：一方（或双方）为了达到自己的目的，在谈判之前故意散布假消息，如果另一方对此信以为真，就会在谈判中落入圈套，最终一败涂地。[①]

所以，要求信息工作人员对真伪混杂的信息有很强的辨别能力。其次，谈判信息的复杂性是指它对谈判活动的影响不一样。这是因为，一方面，不同的谈判信息对同一谈判过程所起的作用是不一样的，有的信息直接决定着谈判的成败，

---

① 贯越. 谈判的艺术 [M.] 北京：京华出版社，２００８

而有的信息只是间接地发挥作用；另一方面，同一个谈判信息在不同的谈判人员手中所起的作用也有差别，有的人能够领悟信息的实质并做出恰当的反应，而有的人却难以把握信息的实质，甚至作出错误的判断和决策。

第四，谈判信息的目的性。信息是为人服务的，而人类的一切活动都是有意识、有目的的活动。这一点反映在商务谈判上，可以说，谈判信息的搜集就是为了达到某种经济目的，或者满足一定的企业利益而进行的一种有目的的活动。这类信息的获得，可以给企业带来直接的经济利益，而漫无目的的信息既不能给谈判活动带来效益，也不能带来相应的企业利益，反而会给企业和谈判人员造成不必要的时间和资源浪费。由此可见，谈判的目的性直接决定了谈判信息的目的性。

（三）商务谈判信息的分类

科学地区分谈判信息的类型，是研究、分析和运用谈判信息的基础。按照不同的标准，可以将谈判信息分为若干类型。

1. 按产生领域划分

按产生领域的不同，可将谈判信息分为政治性信息、经济性信息、科技性信息和社会性信息。

政治性信息是指由于某一政治活动、政治事件的出现而引起市场和整个谈判环境变化的信息。经济性信息是指与企业生产经营活动密切相关的各种经济领域的信息，如国民经济发展状况，财政、金融、信贷情况等。科技性信息是指与企业产品的研制、设计、生产、包装等有关的信息。社会性信息是指与本次谈判相关的社情信息，如社会结构、社会风俗、时令习尚、社会心理等方面的信息。

2. 按产生的时间划分

按产生时间的先后划分，可将谈判信息分为谈判前信息、谈判中信息和谈判后信息。

谈判前信息是指发生于正式谈判之前的所有信息。它有助于企业了解外部环境，进而确定自身目标，制定相应的谈判策略，是谈判信息搜集的主体。谈判中信息是指在谈判过程中发生的有关客观环境、对方意图等方面发生变化的信息。

由于事前不可能准确全面地了解所有必要的信息，因此在谈判过程中还需要通过观察、提问等手段来不断地搜集信息。谈判中信息有助于适时修正谈判目标、调整不适宜的谈判策略、控制谈判的主动权。谈判后信息是指企业在谈判结束后，通过各种途径获得的有关本次谈判的情报，如对方的评价、外界的评论等。谈判后信息有助于企业正确地审度、评价本次谈判和做好下一次谈判的准备。

3．按载体划分

按信息载体划分，可将谈判信息分为语言信息、实物信息和文献信息。

语言信息主要是指表达信息的口头语言，此外，还包括人体语言，如手势、表情等。实物信息是指各种能够透露一定情报内容的物体。由于人类生产的各种产品，无一不是在不同程度上经过了人类的加工改造的，无不凝结着人的劳动和智慧，因此这些产品总是能或多或少地透露出一些有用的新知识，使企业在产品的设计原理、原材料配方、工艺特点、产品性能等方面获得有价值的信息。文献信息主要是指用一定的符号系统、图形记录以及传播知识的物体，包括图书、音像制品、计算机磁盘等所传递的信息。

（四）　商务谈判信息的作用

谈判信息的搜集是真实而准确地了解双方的意图、确定谈判目标和制定谈判策略的前提。谈判信息的功效主要体现在以下 3 个方面。

第一，商务谈判信息是谈判能否取得成功的重要因素。谈判能否取得成功，不是只取决于某一因素，而是与多种因素有关，诸如双方的实力对比、谈判人员能力的大小、客观环境的变化、策略运用得是否得当等，对谈判成功与否有着极其重要的影响。明显占有谈判信息优势的一方几乎总是在谈判中把握着主动权。

第二，商务谈判信息是确定谈判目标的基础。毫无疑问，任何谈判的产生都是由双方的需要所引起的，因此怎样才能最大限度地满足各自的需要就是双方的共同目标。而若想确定一个明确、具体、可行的目标，则必须以掌握大量的谈判信息为基础。这些信息包括己方的实力、对方的实力、市场形势、竞争者的状况、客观环境等诸多方面。只有综合考虑上述各种因素，制定出来的目标才是符合实际、切实可行的。

第三，商务谈判信息是制定谈判策略的依据。谈判离不开策略，而策略又离不开信息的支持。谈判高手在谈判桌上有时因势利导，有时以逸待劳，有时将计就计，有时声东击西，有时模棱两可……举手投足、言谈举止间无不包含着策略，而种种策略实际上都是以信息的占有为前提的。"用师之本，在知敌情"。谈判人员只有在充分占有信息、了解对手的基础上，才能制定出正确的策略。

二、商务谈判信息的内容

（一）政治法律信息的内容

1. 政治、经济形势的概况

在商务谈判前，谈判人员应当首先对影响本次交易的政治、经济形势，特别是双方国家的政治、经济形势的变动情况进行周密的调查研究。例如，国际经济形势趋势、政府是否出台新的贸易管理措施等。掌握这些方面的信息对于促成双方的交易大有益处，同时也有助于针对一些可能出现的问题采取相应的防范措施。

2. 国际贸易惯例

在国际商务活动中，还经常需要引用国际贸易惯例的有关规定。所谓国际贸易惯例，实际上就是在国际经济贸易业务的长期实践中逐渐形成的一些通用的习惯做法或先例。在国际商务谈判中，采用国际惯例主要有两方面的作用：一是把国际商务活动中的一些做法加以统一，以避免或减少各方的纠纷，即使发生了纠纷也易于按照一些通用的习惯做法加以处理；二是可以补充法律规定之不足，确切地说，就是有些事项在有关法律中未作明确规定，这时谈判双方就可以依据国际惯例的相关规定来处理。

3. 了解双方国家或地区谈判内容得有关法律规定

双方国家或地区对谈判标的、税收、进口配额、许可证管理、最低限价等方面的法律、法规，都会对谈判所形成的协议和合同产生法律约束力。因此在商务谈判前，谈判人员应尽量多掌握一些与本次交易有关的法律、法规的具体内容及其变动情况的信息，以供谈判时使用。

（二）市场信息的内容

1. 有关消费需求的情况

有关消费需求的情况有以下几点：第一，消费的总需求量、总供给量，以及二者发展变化的总趋势；第二，消费者对本企业（或对方企业）现有的和潜在的需求，消费者的构成和层次的地区分布，消费者的收入水平、购买能力、购买时尚和消费频度等；第三，影响消费者购买行为实现的社会因素、心理因素、家庭因素和文化因素。

2. 有关市场的情况

关于市场状况有两点：第一，国家对该行业的政策倾向；第二，该市场目前所处的状态和发展趋势；第三，开拓潜在市场的可能性和存在的问题。

3. 有关产品的情况

首先，产品状况包括产品的结构、规格、功能、质量、品种、数量、包装、运输、服务、信誉，以及同类产品的发展与供求状况及其市场占有率。其次，生产同类产品或代用品的企业构成、产品竞争状况、经营管理水平与手段、企业实力和消费者信用度等情况。

4. 有关价格的情况

关于价格的状况有三点，第一，企业定价的方法与程序；第二，影响价格变化的因素，如竞争企业采用的价格策略、替代产品的生产价格与发展趋势、国际市场同类产品的价格及其走势情况等；第三，国家和地区价格的差异，如产品地区差价、质量差价、服务差价、季节差价、时间差价和政策差价等。

（三）科技信息的内容

这里所说的科技信息，主要是指与谈判内容有关的新技术、新工艺和新设计的信息。卖方搜集科技信息的目的是为了能够更科学、更合理地制定相应的价格和其他的交易条件。而买方搜集科技信息除了上述目的外，往往还关心两个问题：一是标的物的先进性，就是所购进的标的物应具有技术上的领先性，以便能够更好地发展自己或超越竞争者；二是标的物的适用性，就是该标的物所含的技术是否能够与企业自身的条件和社会经济发展水平相吻合，以便能够最大限度地创造经济效益。

（四）谈判对手信息的内容

1．谈判对手的营运情况

即使对方是一个注册资本很大的公司，如果其经营管理不善，也会导致负债累累甚至破产。因此，为了避免己方蒙受不必要的损失，在谈判之前必须就对方企业的营运状况进行调查。具体的调查内容包括对方企业的产品畅销程度、消费者反映、市场占有率、开发新产品的能力、经营管理的科学性、领导者的业务水平、企业内部的凝聚力等。

2．谈判对手的实力情况

对手的实力可以从以下几个方面来考察：对方企业的注册资金数额，固定资金和流动资金的规模，自有资金和借贷资金的比例；企业的年产值、利润情况，该企业在同行业中所处的地位；企业的人数、员工素质以及有关部门对该企业的态度；企业在社会上的知名度和影响力等。

3．谈判对手的谈判风格

谈判作风是指谈判者在多次谈判中所表现出来的一贯风格。谈判作风因人而异、千差万别，总的来说，可以分为以下 4 种类型。一是"合作型"的谈判作风。"合作型"谈判作风的最大特点是合作意识强，能给双方带来皆大欢喜的结果。这种谈判者比较现实、谨慎，当双方因重大利益发生分歧或争议时，能够理智地提出令双方都可以接受的新的倡议；二是"不合作型"谈判作风。抱持此作风的谈判者往往以自我为中心，热衷于运用各种谈判技巧来达到己方的目的；三是"阴谋型"谈判作风。有此谈判作风的人往往不采用正面对抗来实现自己的目的，而是使用阴谋诡计欺骗对方。在谈判过程中，总是通过心理战术、说谎等手段向对方施加各种有形的和无形的压力，使对方不知所措或误入圈套，从而获得一些靠正常渠道和手段很难得到的东西；四是"强硬型"谈判作风。作风为"强硬型"的谈判者，在谈判中通常情绪容易冲动，滥施压力，几乎不留丝毫让步的余地，更不愿意拖延谈判时间。强硬型谈判者并不渴求在本局谈判中达成协议，而是更愿意在不同的对手之间择优而定。

4. 谈判对手的谈判性格

谈判性格是指对方谈判人员在谈判中表现出来的比较稳定的个性特征。概括起来，谈判对手的性格可以分为以下三种。一种是忠实的执行者。这类人做事喜欢照章办事，做任何事之前都要寻找先例，对于变革则显得无动于衷，需要不断得到上级的肯定与承认，对新事物的适应能力相对较差。总是在谈判中执着于细节问题，总想穷其心智找出最好的解决办法。

另一种是说服者。这类人办事的方法相对隐蔽，手段精巧（虽然内心的意志力特别强，但外表却总是温文尔雅），充满吸引人的魅力。在谈判中，表现得十分随和，能迎合对手的话题与兴趣而娓娓而谈，在不知不觉中把别人说服。注重追求良好的人际关系，追求在公众中树立良好形象。这类人的另一大特点是超脱细节，总是花费大量的时间规划总体蓝图和制定战略，力图摆脱工作细节，而一旦陷入琐事就会显得极不适应。

还有一种是贪权者。这类人敢于决策、敢于冒风险，具有极强的攻关能力，而且求胜心切。总是狂热地追求成绩，不管他人感受，为了争取到称心如意的结果而不惜代价，甚至不择手段。同这类人谈判十分艰难，不会给对方留下任何余地，很少考虑对方的需求，而是以自我为中心，我行我素。

第二节　商务谈判信息有效信息的筛选

一、信息的搜集

（一）搜集的渠道

根据信息来源的不同，搜集信息的渠道大致可分为以下七种。

1. 统计资料渠道

统计资料主要包括各国、各地区、各部门、各行业和各个企业的各类统计月刊、年鉴和统计报表。搜集和研究分析这些资料可以全面了解有关事情的过去和现在，并对其发展趋势作出科学的预测。同时，通过对这些资料的整理，还可以进一步辨别其真伪。所以，它通常比公布的单项数据更可靠。

2．各类专门机构渠道

社会上有很多经济和非经济机构，它们掌握着大量企业所需的宏观、微观信息。这些机构主要包括银行、经济研究所（中心）、商品检验局、专利局、保险公司、海关、行业主管部门以及各类信息中心等。如果是国际商务谈判，谈判人员还可以到驻外使馆商务处去查找资料或者进行咨询。

3．会议渠道

会议往往是谈判人员搜集信息的便捷渠道。企业谈判人员可以从各类商品交易会、展览会、订货会等各种可以进行直接商务谈判的会议和商务报告会、讨论会，以及一些行政性会议中，有效地调查获取商品的生产、流通、消费信息，以及市场趋势、竞争现状和发展前景等方面的资料，还可以捕捉到一些有可能影响谈判结果的政治方面的信息。

4．活字媒介渠道

活字媒介是指报纸、杂志、内部刊物和专业书籍等信息载体。活字媒介所透露的消息、图片和数字等，是信息的重要来源。活字媒介是信息搜集的主要渠道，同时也是最大的渠道。

5．电波媒介渠道

就是从广播电台、电视台播放的有关新闻、报道、广告中搜集信息。通过电波媒介搜集信息往往比活字媒介更快捷。

6．函电、名片、广告渠道

函电不但是商务谈判的主要形式之一，还是信息搜集的一个重要工具，人们可以通过它来获取销售信息、生产信息、价格信息等。名片也是搜集信息的一条渠道。利用名片媒介可以有效地扩大商务，结交朋友，获取资料。另外，在广告中，一般都会载明商品的产地、厂家、电话、传真以及产品的性能和价格等，有些广告册还登有商品的照片和简单的产品说明书，通过这一渠道往往能获得一些意想不到的信息。

7. 公共场所渠道

车站、码头、街道、餐馆、商店、集会场地、娱乐场所等也是搜集信息的良好渠道。这些公共场所的特点是人多，人们来自四面八方，而且从事着不同的职业，因此信息来源特别广泛，与之交谈无疑是获取信息的好机会，且往往取得事半功倍的效果。[①]

（二）搜集的方法

处于激烈竞争中的商务谈判各方，往往都想通过各种手段去搜集尽可能多的有用信息，从而做到"知己知彼"，取得预期的利益。谈判信息的搜集工作带有高度的技巧和艺术性，因此不同的人搜集信息的方法也有所不同。下面介绍一些基本的、常用的方法。

1. 常规的搜集方法

常规的搜集方法有五种。

第一是对于公开传播信息的搜集。

在当代，绝大多数的市场信息是通过出版发行系统、广播影视系统以及通信系统公开传播的，因而从图书、报纸、广播、电影、电视等媒介，以及其他企业寄送的资料中获得所需信息，是企业搜集信息的主要方法。具体来说，主要采用以下两种方法。一种是阅读法。也就是通过阅读有关报纸、杂志、简报和文献资料来获得需要的信息。另一种是视听法。也就是通过收听广播、收看电视，从中分析出有用的信息。广播、电视中的声像转瞬即逝，通过这种方法搜集资料难度相对较大。如果要用这个方法，谈判人员最好是从报纸刊登的节目栏入手，找出可以成为资料源的节目，提前准备好录音或者录像设备，在预定的时间内将其记录下来，然后再将其中重要的资料整理归档。此外，有时无意的视听也会带来有价值的信息，因此在采用这种方法时，谈判人员应当有意识地准备好笔和记录本，

---

① 姜百臣. 商务谈判［M.]北京：中国人民大学出版社，２０１０

随时记录。

第二是搜集向有关单位索取的信息。

有些资料不是刊载于大众化的出版物上，需要通过派人磋商或者发函联系等方式才能获得，如国内外企业的产品说明书、产品样本、产品介绍、宣传品、企业内部刊物和实物样品等。通过这种方法索取信息可以是无偿的，也可以是有偿的。有些企业为了宣传本企业的形象、扩大企业的影响、推销自己的产品，通常愿意免费赠送有关资料。

第三是搜集委托的信息。

委托搜集是企业委托有办法得到某些信息的情报网络、咨询机构、企事业单位或个人来帮助搜集所需的信息。美国在了解日本企业内部有无独特的技术诀窍时，就曾经采取多种形式的委托搜集方法，例如，出钱资助某代表团到日本某企业去参观或讲学，为日本某企业的工人提供某种服务，以此来获取情报。

第四是搜集交换来的信息。

信息交换是企业获取情报的重要方法，它不仅能使企业得到许多非常难得的情报资料，而且能比通过各种公开出版物搜集信息节省更多的时间。例如，在国际信息交换方面，企业通过这种方式有可能提前半年或者一年得到有关的最新资料。另外，由于信息交换一般都是对口交换，因此企业所得的信息大部分是及时的、适用的。

第五是搜集实地的信息。

许多信息是不可能通过间接的手段得到的，如果希望得到这些信息，就需要企业有关人员深入实地进行直接的调查搜集。具体方法有以下几种：①面谈法。是指通过与有关当事人直接交谈来获取信息。面谈法分为两种：一是预定面谈（也称已组织好的面谈），即经过事先安排，确定日期、时间、内容、方式和参加人数的面谈。预定面谈的优点是事先做了准备，届时可以有条不紊地取得尽可能多的相关资料，因而通常是面谈搜集法的主要途径。二是遇事面谈（也称未组织好的面谈），是指调研人员无法按照一套列明提纲的方案来提问题，而是启发对方自由谈论，逐步把话题引向新的、富有成效的方面。运用这种面谈方法时，提问越简单扼要越好，而且在谈话过程中要尽量使对方围绕主题展开。②问卷法。是指根据需要设计出一套要求被调查者回答问题的表格，通过被调查人员的答案来搜集有关信息。问卷法使用起来费用较低，而且调查面比较广，可以在较短的时间内获取大量的资料。③观察法。是指企业有关人员根据一定的观察目的，运用自己的感官直接了解谈判对手，从而取得第一手感性材料的方法。④访问法。是指企业有关人员直接参观、访问对方公司，通过提问、观察等方法来获得有关信息。通过实地的参观、访问，往往能够掌握大量的有关对手企业生产经营的情况，甚至有可能是一些机密情报。例如，苏联在与波音飞机制造公司洽谈生意期间，就曾经派技术人员去波音公司进行实地考察，这些技术人员穿的是一种特制的鞋子，能粘住稀有金属。通过这次参观，苏联就详尽地掌握了波音公司一直以此自豪并视为机密的某个零件的原料构成，从而使自己省下了一大笔购买费用。⑤是购买实物法。是指购买对手的产品进行研究，也就是说，将对手的产品拆开后对其结构进行分析、研究，进而推断出其产品的原材料构成、工艺先进程度、成本价格等一系列极具价值的情报。

2. 在对手的业务单位中获取信息的方法

第一种是走访与对手打过交道的人。

一个善于谈判的人，总是能够从别人的经验中吸取教训，从侧面了解自己的谈判对手。通过访问与自己的谈判对手打过交道的人，询问具体谈判过程，就可以掌握对手的谈判作风、个性、价值取向、待人接物的风格等一系列的信息。同时，也有助于借鉴成功的经验，或者吸取失败的教训，提高谈判成功率。

第二种是通过对手的供货商获取信息。

作为一家零售商，它的供货商可能是生产厂家或批发企业；作为一家制造企业，它的供货商就是原材料、半成品的生产厂家或者其他批发商。一般来说，这些供货商手中的销货、订货凭证往往能够很准确地反映对方企业的生产经营情况，只要巧妙地加以利用、科学地加以分析，其信息的价值还是相当大的。例如，得知对手在近期内大规模地增加其原材料的订货量，这时就可以推断出对方企业正处于产销两旺的好形势；反之，则可能是陷入了销售低谷。又如，谈判对手如果对原材料规格、型号等提出了一些新的要求，就可能意味着正在准备研制新产品，打入新的市场。再如，根据对方的订货量和成品的产量，也可以大致判断出该企业的生产水平、设备利用率等一些情况。

第三种是出席对方为客户举办的活动。

在现代市场上，经常有很多公司愿意向客户提供免费的培训、设计等服务，其目的就是想通过这些活动使客户在其产品设计或者制造的时候采用该公司的产品。例如，对客户来说，如果接受了某种计算机的培训，势必就会加深对这种计算机的认识，也就在一定程度上增加了采用它的可能性。如果能参加这部分客户的活动，并且利用对手的某些服务，就可以探听到它的内部情况。

3．在谈判对手的职员中获取信息的方法

第一，通过虚假招聘对方人员获取信息。

西方的公司经常采用这一方法获取对手企业的信息。具体做法是，公司根据自己所需的信息在一些公众媒体上刊登招聘广告，并且说明急需哪些方面的专业人员，而且承诺为人才提供较高的报酬和较好的工作环境。通常情况下，应聘人员总是趋之若鹜，其中不乏现在或者未来对手公司中的人员。招聘公司派出面试这些应聘人员的有关专家，往往会利用应聘者急于想得到某一职位的迫切心情，或者急于显示自己的能力、水平和经验的心理，诱使泄露关于原来公司生产经营等方面有价值的机密。而招聘公司一旦信息搜集完毕，这些应聘人员几乎无一例外地都会收到一纸通知："对不起，因招录人员已满，这次暂不录用您。请继续保持联系。"这一过程，通常称为"假招聘"，因为它的真实目的并不是要招收新员工，而仅仅是想从这些人员口中得到公司想要的信息而已。

第二，在对手内部受排挤的职员中套取信息。

这种受排挤的人可以分为两种情况：一种是确实在单位里长期受到同事的排挤、领导的压制，空有一身本事而无法施展的人；另一种是已经在单位中占有一定职位、拥有一定权力的人，但所拥有的职位和权力与本人心目中的设计还相距甚远，因此总认为自己的所得要远远少于自己的付出，从而产生一种受排挤的感

觉。应该说，这两种人都有一个共同点，那就是对单位的不满是显而易见的。这种心理郁闷、满腹牢骚的人总是想找一个对象倾诉，而信息搜集人员则可以很好地利用这一心理，通过与这些人交谈，表示关心、同情，便能够获得非常有用的情报。

第三，对手的顾问和助理交往来搜集信息。

在谈判时，顾问和助手通常起着相当重要的作用，其任务是为主谈人员搜集整理资料，制订方案并参与决策，然而由于种种原因，顾问和助手往往在正式谈判过程中的位置不能过分突出，有时甚至根本不露面。所以，一方面，在顾问和助手的手中掌握着大量的核心机密，对谈判起着至关重要的作用；而另一方面，顾问和助手的名字和作用又鲜为人所知。这种矛盾的长期积累，很可能造成顾问和助手心理上的不平衡，而这种不平衡对己方而言就是一个好机会。己方人员通过与这些人员的交往，利用"求赏"欲望、"显示"欲望和"觅知音"欲望等一点点引发其谈话的兴趣，一步步地套取对方的珍贵信息。这种交往的最佳场所一般是在会议或者社交场合，很多重要信息就是在这些场合由于对方人员不慎而泄露的。例如，１９７３ 美国国防情报局人员就是在东京的某次招待酒会上，通过与一位苏联海军武官的看似不经意的闲谈，从而掌握了苏联正在制造的航空母舰的名字、吨位、布置方位等一些绝密情报。

第四，帮助对手雇员工作而获得信息。

对方公司的雇员也是很重要的信息源，雇员通常能够提供关于对方的活动、发展动态、市场计划等许多正式的、非正式的信息。然而，伺机获取信息的好办法，就是帮助对手雇员工作，如帮助对方心情烦躁的雇员复印或整理资料、收发文件、打电报、接电话等。

二、信息的处理

企业通过各种手段搜集到的大量信息，一般都是真假并存、主次不分的。谈判人员必须对这些庞杂的信息按照一定的原则与方法进行处理，才能使其在谈判中发挥出最大的效用。信息处理通常分为识别和分析两个阶段。

（一）商务谈判信息的识别

谈判信息的识别是指企业信息搜集者对得到的资料进行初步分析以判断其价值、辨别其真伪的过程。应该说，信息识别是信息处理的基础。

谈判信息的识别过程琐细而复杂，要求有关人员必须具有广博的知识、丰富的社会经验以及敏捷的思维和辨别能力。不仅如此，在进行信息辨识的时候，还必须注意以下几个问题。

一是必须把谈判信息和谈判的环境因素作为一个整体来考虑。谈判不可避免地要受到某些特定的政治、经济、文化等社会环境因素的影响。如果谈判是在国与国之间进行，那么它还会受到两个国家，甚至更多国家的不同社会背景的影响。因此，无论是信息的发出者，还是接受者，如果想让对方真正了解自己的意图，就不能仅仅考虑本方的状况，全然不顾对方的实际情况以及社会背景，那样肯定会在信息的理解上出现偏差，从而影响谈判的正常进行。

二是对获得的信息尽可能通过多种渠道加以验证。因为在信息的搜集和传递过程中，出现一定程度的失真是在所难免的。产生这种情况的原因是多方面的，信息的发出者故意散布虚假情报、中间环节过多、搜集者本人的主观倾向等都有可能导致信息失真。所以，只有尽可能地从彼此互不相关的渠道对同一信息的真实性、可靠性加以验证之后，该信息才能作为谈判决策的依据。如果偏听偏信，又不去验证其真伪，那么就很可能误入歧途，造成严重的后果。

三是当对方直接、明确地将意图表达出来时，己方应该注意从合适的角度去理解和分析。由于谈判人员各自的立场和看问题的角度不同，对同一事物的认识自然也存在着一定的差异。此外，在谈判中由于交流方式的影响，各方对谈判信息的理解也会存在一些不同。这种差异和不同若得不到解决，就会导致谈判陷入僵局甚至破裂。

四是对有关场合和特定背景环境中的暗示行为要十分敏感。所谓暗示，是指谈判者在有关的、恰当的场合，用含蓄、间接的方法向对方表示自己的意图、要求、条件、立场等。暗示可以通过语言的形式进行，也可以通过其他方式进行。

在谈判中，有些事情是不宜在公开场合下讲出来的；若公开讲出来，会使双方尴尬、彼此不快，这时就需要暗示。暗示要求其发出者要小心谨慎、敏锐灵活，接收者要仔细聆听、深入分析。

（二）商务谈判信息的解析

信息搜集和整理的目的是为了让信息在谈判中起到应有的作用。而要让信息发挥效用，前提就是必须对信息进行分析。对谈判信息进行分析，实际上就是对信息的内容进行"深度加工"的过程，这是谈判信息处理的高级阶段。在这一过程中，企业根据谈判的实际需要，运用一些专门的方法，对经过初步处理的信息进行由此及彼、由表及里的比较、估量和计算，使之能够准确地揭示出这些信息所反映的具体事物的实质，得出具有方向性和预见性的研究成果，从而最大限度地为本次谈判服务。

企业若想运用信息确定谈判的主要问题并据此探讨解决问题的可能性，就必须采取科学的步骤，有目的、有重点地对信息进行分析研究。这个过程具体可分为三个阶段。

第一，感知问题。

感知问题就是感知问题所表现出来的种种现象，尽可能多地掌握与这些现象相关的信息，并从中找到主要的影响因素。同时，还要对照目标，印证信息的真实可靠性，以确保主要问题的认定和解决问题的方向正确无误。

第二，分析主要问题。

感知问题以后要对主要问题进行剖析，还要找到构成主要问题的一系列制约条件，进而明确各种原始影响因素及其作用。为此，企业必须结合各种情况，有理有据地进行系统分析，由浅入深，由表及里，层层深入，逐步形成对主要问题的解决思路和方案。

第三，做出总结，提出建议。

企业通过对所掌握的信息进行定性与定量相结合的分析之后，再将研究所获得的各种思路加以汇总，进而根据企业谈判的需要，整理成对解决谈判问题具有价值的资料，然后为谈判提出合理的建议。

第三节 商务谈判的语言和非语言技巧分析

商务谈判是在贸易交往过程中为了使贸易各方达成一致意见而进行的沟通磋商，这个过程比较复杂，在照顾各方利益的同时也要遵循相关规则。一名出色的谈判者不仅要有驾驭语言的能力和高超的谈判手段以达到预期目的，同时还要巧妙的利用非语言策略如心理、礼仪等达到预期目标。

一、语言技巧

语言是人们之间进行沟通交流的工具。实际上商务谈判的过程，即双方使用语言对共同关心的主题进行协商的过程。巧妙而准确的使用语言能够使双方精神愉悦从而顺利达成协议，而带有攻击性或是喋喋不休、牢骚满腹的语言只能让人反感，不利于谈判的顺利进行。商务谈判中语言技巧要做到客观性强，针对性强，注意表达方式的委婉和幽默以及语言表达的辩论性。[①]

二、非语言技巧

（一）心理技巧

谈判的关键是要准确把握对方的心理状态，也就是注意观察对方的情绪反应。一旦发现对方出现较为激烈的情绪波动就要明确原因，此时不要做过多解释。因为当人们情绪处于起伏不定时容易做出不理智的决定，所以不要急于寻求问题的解决方案。可以耐心倾听对方意见。待情绪较为稳定时再让对方把自己的观点、理由做细致陈述，然后再进行沟通交流。

在洽谈过程中，要让对方的观点逐渐趋于己方要求的目标，需要掌握五种心理技巧：①保持心态平和，不要因为对方的过激言论或行为而情绪激动。②想办法让对方情绪稳定下来，从而建立双方之间的信任关系。③寻找对方感兴趣的话

[①] 张翠英. 商务谈判理论与实训［M.］北京：首都经济贸易大学出版社，２００８

题，尽可能多的与对方进行沟通交流，从而将观点趋向一致化。④尊重对方并让对方感觉到这种尊重。⑤让对方感觉到谈判是相互的，利益也是相互的，并不是一方对另一方的施舍。

（二）礼仪技巧

商务谈判中要讲究礼仪，这种礼仪是谈判文化的一部分，是在长期的谈判实践中逐渐形成的行为规范。合适而有效的运用礼仪能够使谈判朝着积极方向发展。商务礼仪的要素有服饰礼仪、见面礼仪以及赠送礼仪。

1. 服饰礼仪

服饰礼仪是商务谈判中比较重要的礼仪，在国际性谈判中显得更为重要。得体的服饰装扮是个人修养的表现，也是对对方的尊重。商业来往中特别重视服饰的穿戴，它是商业成功的必备要素。

2. 见面礼仪

见面是商务谈判的开始，也是给对方留下美好第一印象的关键时刻。见面礼仪包括双方之间的介绍礼仪与握手礼仪，前者是向对方介绍团队成员，一般先介绍女士和领导人。后者也是谈判过程中经常应用的礼节。握手能体现一个人的素质，要把握好握手的时机、力度以及相应的动作。

3. 馈赠礼品礼仪

馈赠礼品是国际商务谈判中经常使用到的一种礼仪，它能拉近与客户之间的情感，是维系双方之间良好关系的纽带，但是使用这一礼仪时要考虑到民族、地区或国家之间风俗习惯的不同，不要弄巧成拙，碰触到对方禁忌。这就需要在事前多了解对方所处国家的文化背景，避免尴尬情况的出现，从而影响谈判进程。

（三）战术技巧

谈判是双方为了互惠互利而达成合作协议，在洽谈过程中，双方为了寻求自身利益最大化会产生争执，双方应着眼于大局在长期合作中各有所取，同时在谈判中适当运用策略也能使谈判顺利进行从而避免不必要的纷争。

1. 商务谈判的迂回战术

在谈判开始前，双方人员容易产生紧张情绪。此时容易出现冷场或面对新的主题无所适从的现象，致使谈判不能顺利进行。为了避免陷入这种尴尬的境地，可以在谈判开始前使用以下技巧，①采用迂回战略法，在开始前可以谈论一些与谈判主题关系不紧密的话题，如新闻、天气以及有关企业概况等，以此作为切入点。②先谈论具体细节事项，再谈原则性强的问题。遇到重大事项难以决断时心情难免会紧张，此时先以细节问题谈论作为过渡，形成良好氛围后再进入主题。③先讨论一般性原则问题然后进入细节谈判，在一些较大规模的贸易谈判中需要谈论的事项较多，此时可以由双方高层人员谈论基本原则问题，然后再由其他人裹谈判具体细节问题。

2. 商务谈判要留有余地

谈判过程中双方人员的每一句话都有一定的含义，尤其在对方看来更是一种承诺，在一定程度上影响着谈判的进程。因此要注意以下几点内容，①发表意见之前进行充分考虑。②回答问题时要把握好时机且目的明确。③不要和盘托出透露自己底线。④不要回答自己不了解的问题。⑤对有些问题进行模糊处理或者以反问的方式让对方先给出答案。

3. 商务谈判的让步原则

在洽谈过程中不能一意孤行，根据形势判断做出适当让步也是有一定的必要性。当然让步不能轻率的做出，必须把握时机，使用一定策略。有时需要达到以牺牲小的利益获取较大利益的效果。关键时刻要根据此失彼补的原则做出让步使谈判顺利进行，从而避免谈判破裂，造成更大损失。如果在洽谈过程中能以较小的让步获得更多利益，那这种让步非常值得。成功运用让步策略在谈判中获得更大进步是非常明智的。

谈判是一项充满挑战并需要融入智慧的活动，需要谈判者在心理状态、动作行为以及语言使用上做出努力。这就要求谈判人员具备多种素质，尤其在语言和非语言运用上掌握一定技巧，以实现互利共赢。

第三章　商务谈判的理论基础研究

第一节　谈判理论体系及其发展问题综述

谈判活动中最重要的参与者是人，如果在谈判中谈判者忽视了对参与谈判的人的研究，而仅注意到谈判内容就会失去对谈判主动权的把握。因此，国内外研究谈判理论的专家都把人的研究放在重要的位置。谈判涉及许多领域（如心理学、社会学、宗教学等），对这些领域的研究．有利于指导谈判者在谈判中处理好人际关系，制订出有利、有效的谈判方案，最终取得谈判胜利。

心理学在研究人的心理及行为方面一直具有重要的地位，其基本理论和观点也一直是谈判理论的基础。马斯洛于 1 9 5 4年提出的具有代表性的需求层次理论（生理需求、安全需求、社交需求、尊重需求、自我实现需求），对心理学的研究有着深远的影响。不论后人如何发展，需求层次理论作为一种基础理论仍具有极其重要的指导意义。"相互性原则"指出了人类交往过程中的普遍规律与现象，指出人与人之间是出于一种互动状态，即如果对方对我们表示尊重、喜欢与亲密，通常也会得到我们的尊重、喜欢与亲密。而在这种状态下，改变原有的立场、态度是相对容易的。尼伦伯格吸收并发扬了这些观点，在《如何读懂人》和《谈判的艺术》两本书中，系统地提出了"谈判者需求理论"。他指出，人类是为了满足某种需求而进行有目的的行为的，同样谈判的前提也是谈判各方希望从谈判中得到自身想要的东西。"谈判者需求理论"的作用在于促使谈判者主动发现对方所需并加以重视，然后不断地想方设法去引导其朝着有利于自己一方的方向去思考。基于这种思路的谈判为谈判者进行谈判提供了方向，有利于谈判的顺利进行。

英国谈判学家马什通过对谈判结构与谈判程序的研究，提出了一套比较完整的从事商务谈判的策略，以及谈判的数学与经济分析方法，即"谈判结构理论"。

　　马什把谈判的过程划分为六个阶段：计划准备阶段、开始阶段、过渡阶段、实质性谈判阶段、交易明确阶段和结束阶段。通过大量的研究，马什发现，在谈判的不同阶段，谈判活动各不相同，各个阶段均显示出了明显的阶段性特征和规律性特征。整个谈判过程可以作为一个整体系统来谋划，包括谈判计划的制订与决策，对谈判方案进行选择与评估，确立谈判的最终目标并形成每次谈判的具体目标，确定初次发盘水平和讨价还价的范围与限度，对合同争议进行分析并采取相应的措施，分析研究谈判环境因素的影响，确定谈判班子的人选、配合、职责、任务，以及谈判信息的传递方式与保密工作等。在以上各个阶段充分运用心理学、统计学与对策论的知识和方法对谈判进行必要的数学与经济分析，根据谈判计划、原则与策略的要求，通过一切可能的措施、技巧、规定等正式与非正式的手段，就可以有效地实现谈判目标。

　　与马什同时代的另一位英国谈判学家比尔·斯科特（Ｂｉｌｌ），曾任英国政府机构的谈判顾问和著名公司的咨询专家。斯科特在谈判研究中非常注重谈判的技巧性，形成了一套独特的"谈判技巧理论"。斯科特通过总结来自不同国家、不同企业的４０多位商务谈判专家的亲身经历和经验，认为谈判技巧就是谈判者在长期的商务谈判实践中逐渐形成的，以丰富的实践经验为基础的本能的行为或能力。斯科特认为，谈判技巧是以管理学、心理学、社会学及博弈论等为指导并在实践的检验过程中不断完善成熟的。他的"谈判技巧理论"将谈判方针归纳为三种：一是谋求一致的方针，即让谈判形式、氛围尽量具有建设性、积极性，最终目的是求得双方目标的一致；二是皆大欢喜的方针，即以谋求谈判各方可以接受的、折中的谈判结果为目的的谈判方针；三是以战取胜的方针，即以战胜对方为最终目的的谈判方针。在斯科特看来，由于技巧的运用反映了一个谈判者的个人能力水平，还由于在谈判者之间存在着个性和谈判作风等诸多方面的差异，谈判者应该尽量掌握一些符合自己特点的技巧，从而最大限度地发挥自己的能力，而不必非要去掌握那些自己不习惯或不熟练的技巧。另外，斯科特极力推崇谋求一致的谈判方针。他认为不论以什么样的技巧来配合实施谈判方针，谋求一致的谈判方针都应该是优先考虑的。谈判过程既是自身意图实现的过程，也是一个不断调整这种意图以及调整相应手段的过程。

　　与斯科特同是研究谈判技巧理论的美国谈判学家约翰•温克勒（Ｊｏｎｅ　Ｗ）在《谈判技巧》中提出了与之相对的"谈判实力理论"。温克勒认为，谈判实力是谈判技巧成功运用的基础，而增强谈判实力的基础在于对谈判的充分准备和对对方的充分了解。同时，技巧的运用也有赖于谈判实力的强弱。这就告诉我们，谈判者必须充分了解谈判双方的实力，并采取一切可能来增强我方实力。这样在谈判中也为技巧的灵活运用打下基础。根据商务谈判的特点，温克勒提出一种具有普遍意义的循环逻辑谈判法则，即"价格—质量—服务—条件—价格"。也就是说，在谈判中，如果对方提出价格要求，就和他们谈质量；如果对方提出质量要求，就和他们谈服务。以此类推，就能在谈判中取得比较好的成效。这个法则是灵活的，应当根据实际情况具体问题具体分析，而不是泛泛地简单应用。温克勒极为强调谈判行为对谈判的影响作用。他认为："谈判过程与所有其他社会事务一样是一种社会交往的过程。当事人在谈判过程中的一言一行对于谈判的成败至关重要。谈判者在谈判中的表现关系着谈判的最终结果。"温克勒和上述其他各种谈判理论的代表人物一样，在大多数情况下研究的是商务谈判领域的情形。随着谈判领域的迅速扩大，谈判内容日益复杂和谈判对象的日益多元化，谈判理论也面临着更加强劲的挑战。

　　哈佛大学工商管理学院和肯尼迪政府事务管理学院教授、谈判培训中心主任、国际问题分析研究所所长雷法根据博弈论和决策分析的方法，系统研究了各种类型的谈判特点，对谈判原则和第三方介入问题提出了独到的见解。根据哈佛大学法律学院教授罗杰•费希尔（Ｒｏｇｅｒ）等人的研究成果，雷法为哈佛大学的谈判研究奠定了理论基础。从２０世纪６０年代末开始，不少专家基于对未来发展的考虑，致力于寻求使谈判者在谈判中能够更加直接有效地进行谈判的新方法。而对于使用低劣手段和依靠谈判者个人能力等传统思维的抛弃，也使得谈判者需要有更高明和便于使用的理论来指导实践。２０世纪７０年代末，费希尔等人提出一种广泛适用的谈判理论，主张不从传统角度来研究谈判过程，不过多考虑其他因素，而只从价值公平的标准达成协议。费希尔期望谈判达成这样的结果：既使谈判者得到期望的结果，又保留面子。这种理论强调价值与公平，对人也是极为友善的，对当时促成"埃以和谈"起到了积极的指导作用。价值谈判法后经无数人发展逐渐完善为原则谈判法。

与雷法和费希尔同时代的还有美国的卡洛斯（Chester Karrass），他在《谈判游戏》（The Negotiating Game）一书中以美国人的观点对谈判进行实际的指导。作为谈判理论的集大成者，他对予经贸谈判有着渊博的知识和丰富的经验。他对各种技巧的运用的描述都极为具体，从中人们可以体会到一个商人的"狡辩"。他认为要赢得谈判，达成自己的最终目的，就应该采用各种手段。除卡洛斯外，美国的沙恩等人也都对谈判领域有过深刻的影响。时至今日，谈判学研究领域已经有了很大的扩展，比如谈判学研究、谈判史学研究等也更加活跃。谈判理论研究的不断深入，为我们的实际谈判提供了更为强大的理论指导。

第二节　谈判需求理论

人们的各种行为都是由一定的动机引发的，而动机又是由其内在的需要引起的。商务谈判中，需要和对需要的满足是谈判的前提。谈判者在谈判过程中表现出来的动机、行为和态度，也是由其自身的需要所驱使的。只有充分了解谈判人员的需要，才能对谈判过程进行有效掌控，最终达到预期目的。

一、需要、动机与谈判

人从一生下来就有着各种需要。最初，人类为了生存发展．对衣、食、住、行会产生需要，这属于生理需要或自然性需要；而在满足了最基本的生理需要后，就会对交往、友谊、信仰、理想等提出更高的需要，这属于社会性需要。需要是人类一切行动的原动力。在谈判中首先要将需要和对需要的满足摆在重要的位置上。谈判的前提是参与双方都存在着未被满足的需要，都需要通过谈判获得某种利益。如果说谈判的一方不需要对方所能提供的利益，或者不能提供对方所需的利益，谈判就没有任何意义。

动机是推动人从事某种活动，并朝一个方向前进的内部动力，是为实现一定目的而行动的原因。动机是激励和维持人的行动，并使行动导向某一目标，以满足个体某种需要的内部动因。需要是动机的直接原因，动机是行为的直接成因。动机是个体的内在过程，行为是这种内在过程的表现。在动机形成后，人们将会进行一系列的活动来实现它。动机表明了个体的一种意向．而行为则是动机的一种外在表现。

人们的日常行为活动是由动机推动的，而动机又是由个体的需要所产生的。谈判的前提是参与双方都存在着未被满足的需要。因此，谈判人员唯有了解对方的需要，才能得知对方的动机，预测出对方的行为，进而采取适当的方法和技巧调动对方达成协议的积极性，并尽量使谈判的结果有利于我方。

谈判者的需要是和其所处的客观环境相互作用而产生的，而动机则是由需要所激发的。引发谈判者动机的主要因素有内部动力和外部条件两方面。内部动力包括急切的需要、持续的兴趣、坚定的信念、向往的理想和牢固的世界观等，这些因素都是促使人们行动的动机。在这里，需要是动机的基础和前提，动机是需要的表现和反映。内部动力的各个方面都在不同程度上反映了谈判人员的需要。

除了内部动力，动机的产生还有赖于外部条件的刺激。外部条件主要包括两个方面，一是目标引力，二是外界压力。目标引力包括适度的刺激、良好的工作前景和个人发展条件、上级的信任、丰厚的生活待遇、和谐的人际关系、舒适的工作环境、合理的报酬等。实践证明，这些条件越充分，对人的吸引力也就越大，越能激发出人的积极性；外界压力主要包括必须履行的职责、领导同事及家人的期望、上级的督促检查、组织的批评处分、来自各方的舆论等。外界压力是有形或无形地强加给人的一种力量，这种力量迫使人们前进，同样能使人产生动机。

总的来说，动机的强度大小与上述两方面是密切相关的。其中目标引力起激励作用，外界压力起鞭策作用，内部动力则起决定作用。它们的作用各不相同，又互相影响。只有三者同时发挥作用并且方向或目标一致的时候，才能使人产生强大的能量去行动。

二、谈判者需要的层次和类型

不同人的需要是不一样的。有物质上的需要，也有精神上的需要。根据分类标准的不同，会表现出不同层次、不同类型的需要。这些需要会对谈判起一定程度的影响。因此．我们必须深入地了解和分析这些需要。

（一）谈判者需要的层次

人类的需要可以按不同的标准划分．这其中要数美国心理学家马斯洛的需求层次理论最为经典，它可以对谈判者在谈判过程中起到很好的指导作用。马斯洛的需求层次理论把需求分成生理需求、安全需求、社交需求、尊重需求和自我实现需求五类，由较低层次到较高层次依次排列。各层次需求的基本含义如下：

1．生理需求

生理需求是人类生存和发展所必需的需求，包括维持生存所需的水、空气、食物等。在最基本的生理需求得到满足之前，人一般不会对更高层次的需求发生兴趣。

2．安全需求

在生理需求得到一定程度的满足后，随之而来的就是对安全的需求（其中包括对生命安全、财产安全、心理安全等方面的需求，以求免于威胁、免于孤独、免于遭到别人的侵犯），只有这一需求得到满足后，个人的生活才会觉得有安全感。

3．社交需求

当生理和安全的需求得到相应满足之后，则产生第三层次的需要，即社交需求：这是人们希望与其他人建立亲密关系、交流情感的一种欲望。它包括交往的欲望，如希望得到别人的关心和爱护、帮助和支持、友谊与爱情等；还包括归属的需要．如希望成为团体组织中的一员，在团体中彼此交流情感。

4．尊重需求

在上面三个层次的需要得到满足之后，便产生更高层次的需要——获得尊重需求。尊重需求又可分为内部尊重和外部尊重。内部尊重是指一个人希望在各种不同情境中有实力、能胜任、充满信心、能独立自主。总之，内部尊重就是人的自尊。外部尊重是指一个人希望有地位、有威信，受到别人的尊重、信赖和高度评价。马斯洛认为，尊重需求得到满足，能使人对自己充满信心，对社会产生满腔热情，体会到自己活着的用处和价值。

5. 自我实现需求

这是更高层次的需要，它是指实现个人理想、抱负，发挥个人的能力到最大程度。达到自我实现境界的人，接受自己也接受他人。解决问题能力增强，自觉性提高，善于独立处事，要求不受打扰地独处，完成与自己的能力相称的一切事情。这种需要因人而异、多种多样，如企业家希望能办好企业．文学家希望能写出优秀的作品等，概括地说就是追求实现自身的价值的过程。只有在这个过程中，有自我实现需求的人才能感受到最大的快乐；也只有实现这一需要．他们才能心安理得、安居乐业。

上述五种需求的重要性对绝大多数人来说是逐级递减的．或者说，人们总会按照从低到高的顺序，逐一满足。五种需求如同阶梯一样从低到高，按层次逐级递升，但这个次序不是完全固定的，可以变化，也有种种例外情况。另外，也不一定非得百分百地满足了低层次的需要后，人们才会去追求高层次需要的满足。

（二）谈判者需要的类型

谈判者的需要多种多样，又加之谈判者作为社会生活中的一个特定角色，其需要也就显得更加复杂。在有些时候，谈判者可能代表了多个不同类型的需要。

在很多场合中，谈判者并不是代表其个人．而是代表企业甚至国家参与谈判。在满足个人需要之前，他必须首先满足企业和国家的需要，并且将其放在更加重要的位置上。所以，谈判者的需要是个人需要、企业需要、国家需要三种类型的需要的结合体。这三种类型的需要，同样存在着层次关系。

对于代表企业或国家参与谈判的谈判者而言，必须牢牢把握住国家、集体的利益高于个人利益的原则，绝不能因为自己的私欲而损害国家、集体的利益。而在选择谈判者的时候，也必须考虑到谈判者的操守问题。只有考虑了这些，才能确保谈判者不会在谈判过程中中饱私囊，损害国家、集体利益。

三、需要理论对商务谈判的意义

（一） 为摸清谈判对象的动机提供了理论基础

谈判是为了达成某项协议，而动机是由需要所引起的。当谈判的结果能够满足谈判者需要的时候，他就会产生动机来促使谈判成功；而当谈判的结果不能满足或只能满足谈判者部分需要的时候，他对于促使谈判成功的热情也就会降低。换言之，动机是促使人们去满足需求的驱动力。因此，在谈判中要找出能够满足对方的关键需求，激发谈判者产生促使谈判成功的动机，使得谈判最终能够取得成功。

（二） 为多种谈判方案的制订提供了理论依据

成功的谈判方案需要在谈判前精心制订，这是因为谈判的成功由很多因素决定，但其主要的影响因素是双方的需要，弄清楚双方的需要是制订方案的前提。没有弄清楚双方需要就提出的方案是毫无意义的。当然，对需要的满足可以有不同的方式，不能一概而论。

（三） 为商务谈判的方案选择提出了原则

需要理论表明谈判应该遵循的是双赢原则，而非零和博弈。这就要求在谈判的时候既要考虑到我方利益，也要兼顾对方的利益。唯有如此才能让对方感受到我方是带着诚心来谈判的，从而提高谈判的成功率。

（四） 为弥补未满足的需要提供了可能

马斯洛的需求层次理论认为，每一个高层次的需求都是在前一个层次的需求得到满足后出现的。而通常情况下，在前一层次的需求得到部分满足后，后一层次的需求就出现了。因此在同一个时刻，不同层次的需求都是部分得到满足、部分未得到满足。在商务谈判中，可能出现的两种情况是：一是以小规模的交易开始满足低层次的需求，然后再不断满足高层次的需求；二是在同一次交易中，为了建立长久的关系，在某些方面作出较大让步。

四、需要理论在谈判中的运用

谈判的需要理论为我们指明了在商务谈判中谈判者的需要、动机是什么，它们在谈判者心中的位置如何。根据这一理论，我们可以清楚地明白谈判者的需要并想办法去满足这些需要，从而提高谈判的成功率。在运用这些需要理论的时候，要做好以下几方面的工作。

（一）物质准备

谈判时，人的生理需要主要包括衣食住行等方面。商务谈判时，人的注意力高度集中，对体力和脑力的消耗都很大，因而谈判人员无论何时都需要格外注意自己的精神状况。只有将衣食住行的问题都解决妥当，谈判人员才能把所有精力都集中到谈判上来，否则可能会极大地影响谈判人员的精力和情绪，从而影响最终结果。如果我们作为东道主，要注意给对方提供良好的生活和工作环境，为双方建立一个友好、信任、合作的气氛。

从广义上来说，物质条件还包括样品、合同文本、有关技术资料、谈判场地、通信设备等方面的条件，它们也是谈判顺利进行的物质基础=要在费用一定的基础上，尽可能把上述物质基础安排好。安排时既要与谈判者的身份地位相称，又要满足其工作生活所需。另外，物质条件的准备要充分考虑到双方谈判人员，不能厚此薄彼。

（二）安全需要

在谈判中，安全需要主要表现在谈判人员的人身安全、财产安全和地位安全等方面。谈判时地点的选择可能是一方到另一方所在地谈判．也可能是选择第三地进行。由于不熟悉当地情况，谈判人员便会本能地在心理上产生对安全的需求。作为东道主一方，应当尽量消除对方在这方面的顾虑．使其能够安心地谈判。具体方面包括加强治安，业余时间陪同游玩、购物、娱乐等。

（三）良好的人际关系

谈判时由于谈判双方处于一种博弈的状态下．难免会造成气氛的紧张和立场的对立。但与此同时，谈判人员也是有情感的人．需要友谊与关爱。在气氛紧张的时候应适度缓和气氛，立场对立时适当转移焦点．努力营造友好合作的气氛往往是谈判成功的关键。因此，在谈判小组内部建立起互相谅解、团结合作的关系，有利于满足谈判人员的归属需要，对谈判的顺利完成有着十分重要的作用。

（四） 尊重对手

任何人都希望受到他人的尊重，那么自然就得首先尊重他人。在谈判中，对尊重的需要具体表现为：除在人格上需要得到尊重外，还需要在地位、身份、学识和能力上得到尊重。因此，谈判时应注意谈吐得当、双方身份地位应相称、对事不对人。

（五） 适时赞赏

每一个谈判者都希望达成自己的谈判目标，使自己的工作富有成效，并得到别人的认可，这就是谈判者的自我实现需要。这种需要是最高层次的需要，也是最难满足的。因为谈判的最终结果类似于一种零和博弈，对方获得利益也就意味着本方利益的损失。而谈判的最终达成，需要双方都考虑到对方的利益并给予一定的让步。因此，在谈判中既要尽量争取我方的利益，也要满足对方自我实现的需要，这需要相当高的艺术处理技巧。这要求我们在谈判中一定要把共同利益放大，使得双方利益都得到较好的满足。只有这样，才能使得双方的冲突降到最低，相互之间的耗损也就最少。另外，在对方获得利益不理想的情况下，应该尽量强调双方的共同利益，让对方明白，现有的谈判结果远比谈判失败来得乐观，如果谈判失败，双方将承担更大的损失。最后，要不失时机地向对方谈判人员表示肯定，使其明白我方在谈判过程中也作出了很大的让步，希望对方能够体谅到我方的难处，最终接受我方的建议。

总之，谈判需要理论对谈判者起着巨大的指导作用。只要我们在谈判中善于研究和发现对方或自身的需要，并以此来推动谈判的进行，就能在谈判中制订正确的策略，最终使谈判朝着有利于我方的方向进行。

第三节　原则谈判理论

以前的谈判双方在立场上要么抱着强硬的态度，要么抱着软弱的态度，从而使谈判陷入无休止的立场性争执中。美国哈佛大学与麻省理工学院的商务谈判专家们经过长时间的研讨，形成了一种新的谈判理论，即"原则谈判法"，它以有效地达成双方都有所获的明智的协议为谈判宗旨，取代进行立场性争执的方法。

原则谈判法强调以价值作为取得协议的基础，不赞成在谈判中钩心斗角，使用诡计。当谈判双方出现意见不合的情况时，要从价值上、利益上寻找契合点，而不是在立场上纠缠不清；无论矛盾如何尖锐，要把问题与人分开；协议的最终达成要坚持根据公平、客观的标准作出决定，而不是通过双方互耍手段、计谋来决定胜负。原则谈判法可概括为四个要点。

（1）人——把人与问题分开。

（2）利益——一切都是为了利益。

（3）意见——尽可能找出所有的选择方案供彼此参考。

（4）标准——坚持最后谈判结果要根据某些客观标准，如市场价格、专家意见、惯例和法律条例等。

原则谈判法能帮助谈判者经过认真讨论而达成共同的意向，避免双方在立场上相互纠缠而虚耗时间与精力。它的适用范围很广，无论是国际谈判还是个人之间的谈判．无论是一个问题的谈判还是多个问题的谈判，无论是双方的谈判还是多方参与的谈判，都适用它的原理和原则，这是当前最有普遍指导意义的一种谈判理论。

一、把人与问题分开

谈判的目的是谈判双方为了各自的利益共同解决问题，达成一致意见，所以它实际上是人与人之间的一种沟通过程，通常是面对面的。在进行谈判时要把人与问题分开，即把对方当作"人"来看待，而把问题按其价值来处理。但是，在实际谈判的过程中，经常会出现这样的情况，即自己的感觉与现实很难理智地分清楚，判断过于简单，结论缺乏根据。

在谈判中，由于双方所处的地位对立，对于对方总有一种戒备心理，所以常常从自己的立场看问题，这样就容易把自己的感觉与现实混淆在一起．受主观意识的影响，曲解对方的原意。于是，"误解"会强化为成见，导致恶性循环，从而理智地探求可能存在的解决方法也就变得不大可能，谈判最终会搁浅。

人们常常从没有根据的推论中得出结论．并把这些作为对人的看法和态度，而不去想其他的解释也可能是正确的。当然．有时这样的估计不是有意识的。

由于以上两个原因，谈判双方不但没有得到应有的结果，反而会使双方的关系恶化。因此，不能迅速地察觉和妥善处理对方的人性方面的反应，会给谈判带来致命的危害。要做到把人与问题分开处理，从总体上应从看法、情绪、误解这三方面着手。当对方的看法不正确时，应寻求机会纠正；当对方情绪太激动时，应给予一定的理解；当发生误解时，应设法加强双方的沟通。

总而言之，在思想上要把自己和对方看作是同舟共济的伙伴，把谈判视为一个携手共进的过程；在方法上，要把对方当作"人"来看待，了解他的想法、感受、需求，给予应有的尊重，把问题按照其价值来处理。

二、着眼于利益而不是立场

在谈判的过程中，双方可能会因立场问题，产生大的冲突。其实这都只是表面的冲突，双方利益、需求、欲望的冲突才是背后的根本原因。谈判的目的，就是为了达成调和双方利益的某种协议。例如：有两个人在图书馆的阅览室里争吵了起来，原因是一个想开窗，一个不让开窗，他们为了窗户该开还是该关、应该开多大而争论不休。图书馆的管理员走进来，问其中一位为什么要开窗，回答说："让空气流通。"又问另一位为什么要关窗，回答说："避免噪音。"那位管理员想了一下，然后打开了旁边房间的窗户，这样既可以让空气流通，又可以避免噪音。由此可见，不能只注意双方陈述的立场——"开窗"和"关窗"，而应该从"空气流通"和"避免噪音"这两项双方潜在的利益出发，达成一项解决问题的协议。

因此，明智的解决方法是针对利益，而不是针对立场，要尽可能从共同利益出发满足双方利益。

三、提出对彼此都有利的解决方案

在谈判中，人们为什么容易坚持自己的立场，争得个面红耳赤，使谈判陷入僵局？原因之一是"沿着单一方向进行谈判"而使谈判进入死胡同，忽视本来可能存在的"非零和博弈的选择"而使谈判形成单利性结果。但是，有一种办法能把一块"大饼"分割得让双方都满意，这就是在分割之前先使"大饼"膨胀起来，即提出对彼此都有利的解决方案——由一个人先切，而另一个人先挑选——这是一个分配"大饼"的好方案。

提出对彼此有利的方案，是在构思一系列可行的选择方案中产生的。因此，第一，必须把选择方案的"构思行为"与"判断行为"分开；第二，必须摒弃"只寻找一种方案"的意识；第三，必须确认"共同利益"，让双方各有所得；第四，必须是对方容易作出决定。

把"构思"和"决定"划分清楚，对任何谈判都有好处。讨论选择方案与采取立场截然不同。双方的立场也许是对立的，但"构思"方案则可能使双方都提出可以相互接受的方案来。而这时双方所采用的语气也会迥然不同。"构思"包含问题，使人进行协商，而不是作出判断；它使人进行肯定；它是开放式的创意，而不是封闭式的思想。这样才能使谈判的双方不受拘束地进行创造性思考，并构思建设性的多种解决方案。而不是"只寻找一种答案"。

从理论上说"共同利益"虽然有助于达成协议，但就实际情况而言，"共同利益"在所有谈判中都是隐蔽的，而双方想法上的"差异"却是达成交易的基础。比如股票交易的产生，正是因为买入者认为会涨价，卖出者认为会降价之故。换言之，在谈判中，确认"共同利益"并将其设定为共同的目标，就是使"共同利益"具体化，以作为未来的指向，并使谈判过程更为顺利和融洽。而在利益和想法上的"差异"，可以使得某一项对本方有很大的利益，而在另一方看来也不无利益与好处，这就是"各有所得"。当然，在谈判的最后，一定要"使对方容易作决定",因为没有令对方动心的方案,对方是很难跟你达成协议的。

四、坚持使用客观标准

在谈判中,如何解决双方的利益矛盾冲突?原则谈判法主张,坚持使用客观标准。所谓客观标准,就是独立于各方意志之外的、不受情绪影响的标准。衡量的原则是:从实质利益上看,以不损害双方各自的利益为原则;从处理程序上看,在双方决定各自要扮演的角色之前,可以先针对他们心中的"公平程序"进行谈判。像两个人分饼时,一个切,另一个则先挑,谁也不会抱怨这种方法不公平。

第四节　目的协商论

2 0世纪语言研究不断发展壮大,随之产生了很多新的分支学科,互动语言学就是其中之一。它以功能语言学、会话分析以及人类语言学的理论及分析方法为基础,"强调语言的意义是在人与人之间的互动交流过程当中出现并不断发生变化的"[①]。互动语言学的重要特点就是强调实证研究的重要性,重视使用自然发生的真实语料,反对一些传统语言学家以凭空捏造的例子为语料的研究方法。互动语言学家Ｃｈａ试为,以模拟语料为对象的研究犹如发现飞机与鸟类相似,而且比鸟类好控制,所以就通过研究飞机来研究鸟类。这个比喻形象地说明了自然真实的语料在语言研究中的必要性与不可替代性。同时,互动语言学重视口语互动在人类交际中的第一性,认为口语是心灵经验的符号,"书面的词只不过是木乃伊,是说话的替代"[②]。此外,由于受到人类学、文化学和民族学方法论等研究的影响,互动语言学十分重视交际双方的话语建构方式,通过考察话轮和序列等在互动中的建构情况来探究言语交际的本质。本章将以互动语言学的研究理念为指导,以目的原则交际观为理论基础,结合商务谈判话语的实状况,提出话语互动的目的协商论。

[①] 林大津,谢朝群. 互动语一言学的发展历程及其前景明[Ｊ 现代外语,2 0 0 3
[②] 叶斯柏森. 语法哲学[Ｍ.]何勇等译. 北京:语文出版社,1 9 8 8

一、目的

目的是本体的一种观念形态，是主体在认识客体的过程中，按照自己的需求和对象本身的固有属性预先设计的。它体现了对自身的需求与客观对象之间的内在联系。两千多年来，各大哲学家几乎都发表过自己对目的的看法。这些探讨不断延伸发展，影响到社会学，又随社会语言学进入了语言学者们的视野。因此，在构建本文的理论框架之前，我们要回顾一下目的研究的发展历程。

（一）目的论

哲学有关目的的探讨始于自然目的论的。在西方哲学史上，苏格拉底最一早利用目的论来解释世界，他认为世界是神的目的的体现。既然世界是这样产生出来的，因此它必然是照着理性所认识的，永恒不变的模型创造出来的。亚里士多德第一个对目的范畴进行了哲学分析。他认为，哲学的任务就是去认识事物呈其样态的原因，并将这些原因归为"四因说"：质料因、形式因、动力因和目的因。其中，质料是潜在的、可能的，而形式是现实的、是动力，也是目的。亚里士多德的四因说是以人的目的性活动为前提的。人的动作受到大脑中计划的支配，计划的实现必然要依靠一些手段，但是这些手段的使用又是为了要实现目的。由此可见，亚里士多德很早就意识到了有机生物体活动的合和目的性，但是，他将这种思想无限扩大，认为目的是整个自然界都是一个普遍的并且高于必然性的原则。他认为存在一个没有质料的纯粹最高形式，它既是宇宙的最高目的，也是世界上一切事物和人类的目的的根据。这些将自然界拟人化的观点使得亚里士多德的目的论趋向神学化，成了中世纪神学外在目的论的思想来源。

当教会的力量不断强大，神学逐渐控制了整个社会的精神生活。他们利用柏拉图和亚里士多德等哲学家的相关思想来论证基督教的教义，将哲学变为神学的奴隶，推动哲学走入了经院哲学时期。这个时期哲学的核心思想就是神学目的论。他们认为，世界是上帝有目的性的创造结果。上帝的理性与逻各斯就是这个世界的秩序。人类没有自己的目的，而是由上帝的目的与意志来支配。"人的目的不是在现世的尘世生活里，而是在来世的理想境界里。向往来世、遁世以及灵魂从感官世界退隐而趋向上帝，达到至善的理想境界，才是人的最高目的"。这种神学目的论宣扬以信仰上帝为最高目的，事实上则是为了维护封建制度的统治。但是随着十六世纪资本主义的萌芽，资产阶级深知自己的现实利益，希望利用客观自然来实现自己的价值追求。以莱布尼茨和贝克莱等为代表的哲学家提出根据自然来解释自然，希望突破神学目的论的限制。但是，他们通过思考深刻地意识到自然界的庞大与繁杂，这些都将使得偶然存在无限的可能。

最后，这些哲学家因为仍然不能为世界提供一个满意解释，而慢慢走向了神秘主义目的论。尽管这种比神学目的论有所前进，但是仍然将世界的本原归为上帝的意志。

１７９０年，康德发表三大批判的最后一部—《判断力批判》，提出将目的分为外在目的和内在目的。外在目的指"一个事物帮助另一个事物作为达到一个目的的手段"[①]；内在目的则是事物的目的不在其之外，而是其自身的目的。康德指出，"有理性者与世界的其余物种的区别就在于有理性者能够替自己立个口的"[②]，而且"人乃是世上唯一无二的存在者能够形成目的的概念"[③]。"处于整个自然的目的系统的顶端的正是人"[④]。但是，康德并不能回答人如何发挥自己的主观能动性，以及如何实现自己的目的等问题。所以他提出我们应该为人类的信仰保留地盘，道德的人才是世界的最终目的。黑格尔批评康德仍没有走出神学目的论的牢笼，他提出主观的目的必须要以客观的世界为前提，并论述了目的与手段之间的关系。黑格尔认为，目的的活动是通过现实的手段从主观到客观的活动。以主观目的为选择标准对客观世界进行扬弃，使外部坝实复合主观目的。在这个过程中，使主观目的转化为客观事实。这样就消除了主观与客观之间的绝对对立，实现了二者统一，也就是目的实现。在此基础上，费尔巴哈提出人本是一个依照口的而活动的东西。但是，目的不能是停留在观念或思想的范围内，他是支配人的活动的原则，最终要实现日的。随着学科分类的不断细化，有关日的实现的研究被划入了

---

① 夏甄陶. 关于目的的哲学[M.]上海：上海人民出版社，１９８２５
② 康德. 判断力批判[M.]北京：商务印书馆，１９６５５
③ 康德. 道德形上学探本[M.]北京：商务印书馆，１９５５１
④ 康德. 判断力批判[M.]北京：商务印书馆，１９６８９

社会学的范畴。很多学科都从各自的角度开始关注日的在人类行为中的重要性。哲学界则进一步关注内在于人脑的目的，也就是意向（性）问题。

加世纪西方语言哲学语言转向之后，语言哲学家希望能够通过分析语言来解决哲学问题。Sea在Res 经典言语行为理论的基础上，提出以言语行为为路径研究人的意向性。他认为，意向性是人的许多心理状态和事件所具有的一种性质，即这些心理状态或事件通过它而指向或关于或涉及世界上的对象或事态。在完成施事行为的过程中，存在两个层次的意向性："一是完成行为的过程中所表达出来的意向状态，它是先在的意向，是言语及其意义的真诚性条件；二是完成言语行为的意向，它是施事行为中的意向，是意义意向"。意义意向又包括表征意向和交流意向两个方面。表征意向先于交流意向，是意义的核心。塞尔认为，意义意向将人的意向性置于话语中，使言语行为的意向具有语义性质。这样就使得意义研究成为意向性研究的起点。在我们看来，无论是意向还是目的都是内在于人的大脑中的观念。但是，观念是无形的、无法观察到的，必须要借助语言符号等物质性的外壳才能走出大脑，成为可以被观察、描写和解释的对象。语言作为人类最重要的交际工具，也是最主要的目的表达形式。因此，语言描写与分析可以在很大程度上揭示目的存在方式与运作机制。

（二）话语与目的

人类对世界的认识结果最终还是要以语言的方式显现出来，人与人之间的互动也主要依靠语言来实现，进而构成主体间性。因此，无论是土体性还是主体间性的主要体现方式都是语言。世界、语言和人之间的关系实际上是语言如何将人和人的世界联系起来的问题。在世界—语言—人组成的系统中，语言发挥着中介的作用。人凭借语言同世界建立联系。同时，人作为有独立意识的动物，其对世界的认识是带有无法避免的主观性。在交际互动中，人的主观性就体现在语言的选择与使用，而选择的基础就是交际目的。主体双方会根据自身不同的交际日的，综合对生活世界中各种因素的判断，在自己掌握的语言资源中进行材料选择，进而形成连贯、完整的话语提供给另一个主体。对方主体接受到信息后，会根据自身的意向性并结合语境对一话语内容进行判断，以便作出反应。事实上，话语交际的本质就是交际目的导向一下的语言选择。在这个过程中，交际双方的角色不断转换，是从土体到主体间的意义协商活动。

目的性是人的根本属性之一，也是支配人类一切活动的内在动因。康德曾经指出，理性的人与其他动物的区别就在于人可以为自己设立一个目的，人就是这个世界上独一无二的能够形成目的的存在者。目的是存在于主体的观念，是主体在认识客体的过程中，按照自己的需求和对象本身的固有属性预先设计的。它体现了对自身的需求与客观对象之间的内在联系。话语是目的导向下的语言选择结果，话语的主体性作为背景在话语的时空中呈现着，即便只在命题内容的范围内，最一般的陈述也包含着话语结构性的主体存在。话语的这种结构性与能产性使得目的的外显具有多样性的结果，也使得主体间性的建构表现出各种各样的形态。

目的作为一种内在的动因，促使话语的产生，决定着话语的选择。主体之间目的关系的不同也同时是主体间性的表征。目的关系以一致与冲突为两个极端，通常情况多为处于三者之间的中间状态。主体会根据交际双方目的关系的不同来选择话语形式，进一步来构建不同主体之间的关系，交往行为如此循环往复构成主体间性。同时，先在的主体间性构成生活世界的组成部分，以语境的身份对主体的目的产生限制，使得主体需将自身目的与现实语境综合考虑做出恰当的话语选择，以便使交际顺利进行，维持正常的社会关系。在一定意义上，目的是人的主体性体现，主体间性是人与人之间的关系。话语是主体性的外显，在受制于先在的主体间性的同时，对此在的主体间性进行建构。由此可见，目的、话语与主体间性三者之间的关系是：主体间性就是以主体性为基础的主体之间的目的协商。主体间性依托话语互动来建构，话语互动就是意义协商的过程，意义协商的实质就是双方交际目的的协商。

二、目的确认的原则

200年2，廖美珍根据对近百万字的法庭互动话语的研究，在博士论文《问答：法庭话语互动研究》中第一次提出了"目的原则"的概念，并于200年5发表论文进行了系统的论述。这在我国语用学理论研究中是一项值得肯定的突破。目的原则的提出，打破了"在研究方法上，我国尚未出现过田野调查，也无人问津资源非常丰富的语言社团，一步被动，步步被动"的语用学研究局面。在此之前，虽然我国也有一些语言学者注意到目的因素在语言使用中的重要性，但都没有将其作为一个理论而明确、系统地提出来。目的原则提出后，引起学者们的广泛关注，一些学者不断尝试改进与完善目的原则，并将其应用到更多不同的话语类型中。

廖美珍先后发表了"目的原则和目的分析"系列论文七篇[①]，提出了话语分析的目的分析与目的交际模式，对目的的概念、目的关系以及目的的层次系统等方面进行了论述，逐步建构了"目的原则"的理论体系。

首先，目的原则明确提出了自己的目的概念。目的是生成于人的大脑或意识、支配人的行为又表达于行为的一种理想的状态。换言之，目的生成于大脑，但不仅仅、也不能仅仅存在于大脑，它必须借助言语行为显示。

其次，廖美珍对目的与言语行为之间的关系进行了阐述。言语行为目的原则的描述性表述为："任何理性（正常）的人的理性（正常）言语行为都是有目的的，或者说，任何理性（正常）的人的理性（正常）行为都带有目的的保证—交际目的"。它将目的置于话语研究的核心地位，并认为目的是言语行为的根本决定因素。"目的性是人的本质属性之一，是人的行为的根属性。说话是行为，是人的根本属性之一。因此，目的性是言语行为的根本属性"。

再次，目的是多种多样，使得人在社会交往中形成不同的目的关系，基本上可以概括为三种：目的一致、目的冲突和目的中性。这些目的关系可以是预先存在的，也可以是现场生成的。

目的一致指互动双方拥有共同的目的；目的冲突指双方目的背道而驰、互不相容，一方的利益有损另一方的利益；目的中性指彼此间的目的无益也无害，几乎处于中性。但是从交际结果的角度来看，目的实现的情况主要分为四种：目的采纳、目的拒绝、目的搁置和目的协商。

通过对独白式和互动式话语的分析以及目的在话语中实现方式的不断探索，

---

① 廖美珍."目的原则"与目的分析（上）. 修辞学习，２００５）＜：33

廖美珍（２００），总结出了目的原则的交际模式，如图 3-1 所示。目的是人类交际的驱动力，交际的过程就是追求目的的过程。

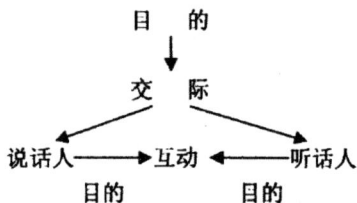

目　的

↓

交　际

说话人 ──→ 互动 ←── 听话人
目的　　　　　　　目的

图 3-1　人类交际目的原则的交际模式

三、商务谈判的协商的目的

商务谈判是一个既有合作又有竞争，既存在共同利益又存在利益冲突的话语互动过程。谈判的复杂性就在于双方各自利益的实现必须以达成共识为前提，否则谈判破裂，任何人都无利益可言。但是，难以解决的是双方都希望在达成共识时能够将自己的利益最大化。这样，共识与各自利益的最大化相互矛盾，但又相互依存。也就是说，竞争性因素与合作性因素纠缠在一起，无法分开。这无论对于谈判的分析、架构，还是对谈判的引导，都有极其重要的作用。在采用合作行动创造共同价值和运用竞争手段获得个人利益之间，存在着无法回避的矛盾，这正是谈判中的中心矛盾。事实上，这种紧张关系的存在，影响了谈判中所有的战略性和策略性选择。由此可见，谈判中的目的关系不能用简单的一致、中性和冲突来判断，而是一种复杂的动态协商过程。

谈话是一个协调过程。交谈双方采取各种方略进行协调，理解对方的话语，对对方的话语做出反应，调节自己对谈话的参与，并试图调节对方的参与，以使谈话能顺利进行，最终达到交际目的。正如目的原则所述，目的是人类交际的原动力。没有无目的的话语，也没有无目的的交际。目的是话语行为生成的原因和意义所在，也是话语发展和进行的驱动力。从语用学的角度看，符合规范的对话过程应是交际双方的意向相互作用的过程，也是它们之间相互满足要求的过程。只要我们参与这一过程，就会完成各种言语或非言语行为，并使对方以某种方式对这些行为作出反应。由此可见，话语双方的互动过程就是主体之间的互动的过程。

基于商务谈判话语的自身特点，本文在继承与批判日的原则的基础上，尝试构建适于商务谈判互动话语研究的"目的协商论"。其主要观点如下：

（一）目的是理性主体行为的决定性因素

人和动物的区别就在于理性的人可以给自己设立目的。尽管目的表达与实施要受到诸多外界因素的影响，但是目的对于理性主体行为的决定性地位是不容置咏的。维特根斯坦在描述语言游戏时，曾经这样写道："问问你自己：在什么场合下，出于什么目的，我们才这样说？有哪些行动伴随着这些话呢？（想一想问候语）他们会在什么情景中使用？为了什么？此时你就会明白你玩任何一种语言游戏总是怀有一定的目的"。这段论述深刻地道出了正常状态下的人的行为都是由目的来支配的。正是因为有目的，人类才有表达的欲望，才会实施言语行为。

塞尔认为，说话人在语句中体现出的各种语用意义构成说话人意义。与这种意义对立的是语句意义。语句和语词具有作为语言组成部分的意义。语句的意义是由语词的意义和语词在语句中的句法排列来决定的。但是，说话人在说出这个语句时所意谓的东西，在某种限度之内，完全是属于他的意图问题。塞尔所说的意图就是本文中的目的，二者都指人类大脑中的一种观念预设，都是内在的，需要通过语言来外显。因此，在本文中不区分意向（意图）和目的。

（二）话语是目的的外化，是目的指导下言语行为的选择结果

目的是存在于人脑中的一种观念，是看不见、摸不着的。如果没有任何的外在表现形式，人们不可能知道对方的目的。因此，目的的外显与表达必须要借助一定的外在行为方式，我们认为主要分为言语行为和非言语行为。言语行为是指一切通过发音器官运动而形成的可识别的音象形式；非言语行为是指除了发音行为之外的面部表情和手势等肢体行为。其中，言语行为为主要部分，非言语行为起辅助作用。话语是言语行为的结果，也是人对潜在的话语形式进

行选择的结果。

（三）话语互动就是目的协商的过程。目的协商体现在话语互动的各个层面

在商务谈判中，互动双方相对平等，但又相互制约。双方进行话语互动的过程，实质上就是双方目的互动的过程。双方在互动中相互磋商，最终达成共识。整个的互动过程由语步、话轮、对应和序列等逐级构成。因此目的的协商也是通过各个层面表现和实现的。在宏观层面上，表现为互动结构的选择；微观层面上，表现为引发语与应答语的构成模式。同时，目的协商具有程度性，对语境具有依赖性。这些都需要互动主体根据自身的目的与交际语境进行调节与判断。

（四）目的具有层次性，目的协商也具有层次性

语言是多种成分层级共存的系统，这些层级都表示和象征抽象的结构程序，各自独立，但相互匹配可产生各种不同的语义。目的也是如此。

从目的期望实现的功能角度，目的分为信息层面和人际层面。Spencer O 指出，语言具有双重功能：传递信息和维持社会关系。我们认为语言的这两种功能是目的的两个层次性的体现：信息目的和人际目的。特别是在中国的商务谈判语境下，维持正常和谐的人际关系具有重要的意义，有些情况下要高于即时的经济利益。因此，在话语互动中，主体的目的主要有两个层面，但是都通过语言来表达，通过话语选择来体现。二者同时发挥作用，但是有多少、轻重之分。

从目的彼此之间关系的角度，目的有总目的和子目的之分。关于这个划分，目的原则曾有过详细的论述。目的之间有主次之分，子目的为总目的服务。子目的之间可以有对比、递进、并列和阐释等多种关系。他们通过彼此之间的体现关系来实现总目的。这其中需要强调的是，在我们看来，目的也有元目的与对象目的的区分。逻辑学家在研究语言使用时曾经提出区分元语言（metalan̄guage）与对象语言（objective）。例如 "Snow is white" 在这个句子中，第一个 'snow' is 是对象语言，第二个是元语言。也就是说，元语言是用来解释对象语言的语言。二者虽然在形式上一致，但是所扮演的功能层

次确有很大的区分。同样，在目的层面上，元目的也是为对象目的服务，通过采用委婉或间接的办法也实现对象目的。

（五）除目的外，言语行为选择也受到其他语境因素的影响

韦伯曾经指出，人在作出行为之前所面临的选择是极其复杂的；也就是说，人在进行一切行为之前，总是面临着极其复杂的、可供选择的方案，但这些可供选择的复杂状况是难以分析和区分的。这个复杂的状况就是语境。主体话语策略的优劣体现在他如何根据自身的目的并结合语境来进行话语选择。但是，严格说来，话语中没有句子能够脱离一定程度的视角化。也就是说，目的是影响话语选择的主要因素，但不是唯一因素。商务谈判的特殊性，使得双方注重面子。维护和谐的人际关系会影响话语选择，人际关系就与个人目的之间形成博弈与协商性。此外，教育背景、社会身份和谈判中的角色等都会对谈判者的话语选择产生影响。"总体上，在商务交际中，谈判者有四项语用原理需要遵循：相关性、适当性、语境灵敏性、社交性。相对于西方的社会交际，中国的话语结构和礼貌策略是动态的、发展的和低预测性的"[①]。作为话语产生的宏观背景，语境既限制话语选择，同时又依赖话语选择来建构。"语境是由社会互动意义上的人，在一定目的的驱使下，实施一定的言语行为，从而引起的或者激活的、参与言语行为和意义生成、参与言语行为和意义理解的那些因素构成的"[②]。由此可见，人是语境的核心成分，目的是语境的主要因素。目的通过言语行为来主导语境的建构，反之也受到语境的影响。因此，言语行为的选择依赖目的，但也要受到语境中其他因素的影响。

（六）目的协商是一个连续统，采纳与拒绝是该连续统的极点

目的原则认为，目的互动的结果主要有四种：采纳、拒绝、搁置和协商。我们认为，语言交际是话语互动的过程，话语互动是意义协商的过程，意义协商就是目的协商的体现，其结果形成一个目的协商的连续统。一方完全接受另一方的

[①] 杨文慧. 商务谈判人际语言策略研究[M.]北京：科学出版社，2 0 0 9
[②] 廖美珍，韩大伟. 语境创造论闭. 湖北人学学报（哲学社会科学版）. 2 0 1（2）：1 0 8

目的为采纳；反之，一方完全拒绝另一方的目的为拒绝。二者分别为连续统的两个极点。但是，在现实的交际中，采纳与拒绝出现的频率极低，大部分的情况都是部分采纳与部分拒绝结合而成的协商性结果。这些结果就共同构成整个目的协商的连续系统，如图 3-2 所示。

图 3-2　目的协商连续系统

其中，搁置也属于拒绝的一种，但是与直接回绝又不同。由此可见，在采纳与拒绝两个极点之间，目的协商应有程度之分。这种具体上的程度上的划分就需要通过对语言形式选择的结果来分析与判断。

（七）目的协商是将双方的目标点转变为目标区，当目标区产生交集时，双方就可能实现共识

当双方开始谈判的时候，各自追求的利益目标是一个点，即希望实现的最高利益。但是在双方互动的过程中，双方的利益目标也会互动，通过不断的协商而发生变化，逐渐演变成一个目标区域。随着谈判的不断深入，当双方的目的区域范围不断扩大直至出现交集时，双方的利益出现重合，共识的可能性就出现了。也就是说，目的协商的过程是从点对点的协商到区域与区域的协商，最后又形成一个点的过程（如图 3-3）。

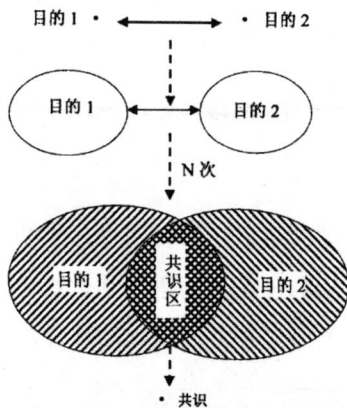

图 3-3　目的协商的过程示意

综上所述，人类的交际表面上是话语互动的过程，实质上是彼此间口的协商的过程。也就是说，话语互动是目的协商的外在表现形式，目的协商是话语互动的内在本质。目的的表达体现在话语选择与建构的方式，目的协商体现在话语互动的各个层面。不同的话语选择模式都不同的目的协商策略。在此基础上，本文建构的商务谈判话语的目的协商论的总体框架如图3-4。

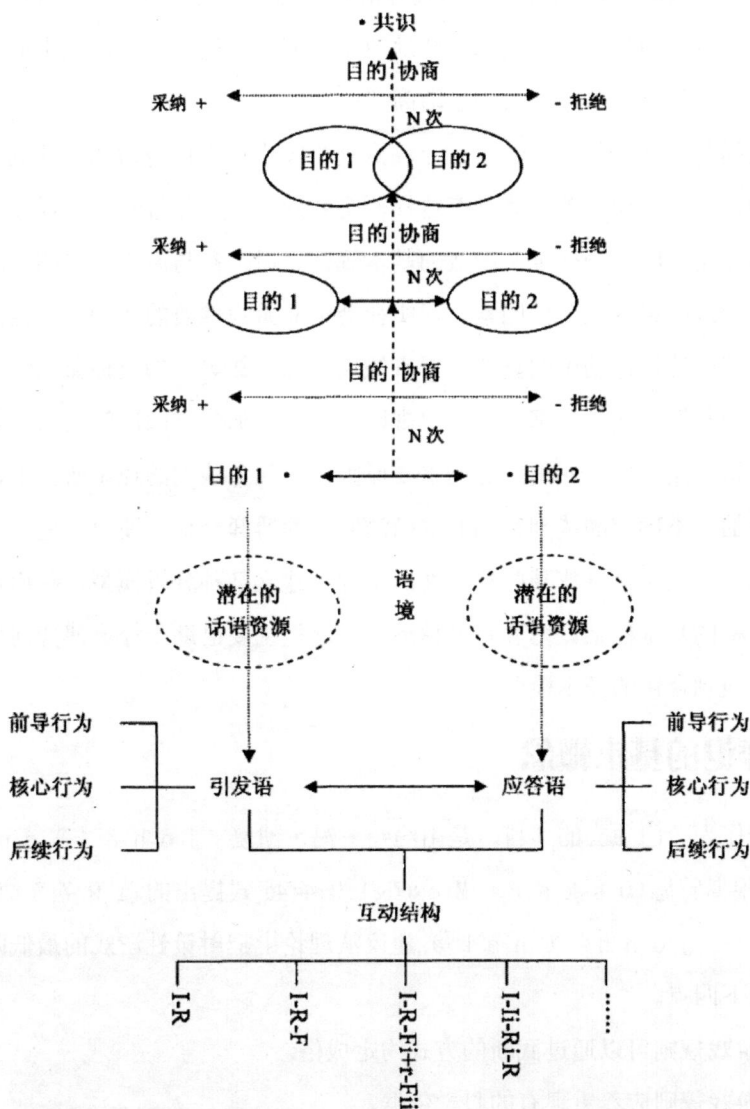

图3-4　目的协商论总体框架示意图

第五节　博　弈　论

在现代经济学理论的研究中，许多经济现象和经济行为都可以用博弈论。Game Th来解释，y都可以理解为某种博弈问题，可以用博弈方法进行分析研究。近年来，随着博弈论被越来越广泛地应用，博弈理论在谈判活动中的应用越来越受到人们的关注，引起了人们逐渐高涨的兴趣。

博弈论的英文含义是"游戏"。如果注意观察发生在人们身边的一些具有竞技性质的活动，你会发现许多游戏都有这样一个共同特点，即策略或计谋起着举足轻重的影响作用。因为当确定了游戏的基本规则之后．参与游戏各方的策略选择将成为左右游戏结果的最关键因素。现实社会中非游戏性质的活动。如经济活动中的经营决策、政治活动中的竞选、军事领域中的战斗等，如果抽象出它们的本质特征，也都与游戏无异，都是在一定规则之下，参加各方的决策较量，这就是博弈现象。这也是博弈论应用广泛的重要原因。在商务谈判的理论研究中，一些学者将复杂的、不确定的谈判行为通过简洁明了的博弈分析，使研究进一步科学化、规范化、系统化，寻找某些规律性的东西，建立某种分析模型，从而构建了谈判理论分析的基础框架。博弈有多种形式，这里主要借助于经典博弈问题进行分析，介绍谈判合作的基本模型。

一、博弈论的基本概念

博弈论作为一门独立的学科，是由约翰·冯·纽曼（John Von）和eum 奥斯卡·摩根斯特恩（Oskar Mo）在1944年正式提出的。1977，约翰·查里斯·哈萨尼（John Cha）建议从理论上把对策性游戏的最低限度组成归纳为以下四点。

（1）游戏规则可以通过武断的方式约定成俗。

（2）游戏规则应尊重现有的科学依据。

（3）游戏规则应包括参加者的信息、技能等原始手段。

（4）游戏规则应把参加者的基本功利和职能考虑进去。

博弈论是指"两两博弈"，其目的在于为以下两类问题提供规范性答案：一类问题是对策性游戏的最终结果如何；另一类问题是参加者应该采取怎样的策略。

二、"囚徒困境"

各种策略和获得的结果，可以通过数学矩阵来表示，其中最简单的例子就是"囚徒困境（Prisoner）'s dilemma

"囚徒困境"是一种非合作性的博弈状况。假设有两个嫌疑犯被分别关在隔离的房间里受审，他们彼此之间无法进行交流和通气。警察分别向两个嫌疑犯表明：如果一个人坦白，而同伙不坦白，招供者会被判半年有期徒刑，同伙将被判10年有期徒刑；如果都坦白，将被各判5年有期徒刑；如都不坦白，将各被判1年有期徒刑。如表3-1。我们知道，就这个博弈来讲，两个嫌疑犯最佳的策略选择就是双方都不坦白。

表3-1 "囚徒困境"中的策略选择

	不坦白	坦白
不坦白	（-1，-1）	（-10，-0.5）
坦白	（-0.5，-10）	（-5，-5）

三、约翰·纳什（John）均衡 sh

设：U_a、U_b 代表甲乙两人在一场传统比赛中（双方有利害冲突）可能获得的利益，C_a、C_b 代表各方最不利的状态，此时双方达不成协议（发生战略冲突）。双方可以接受的范围为区域 D，在利益一定时，存在唯一明确的解决方案。其几何图形如图3-1。

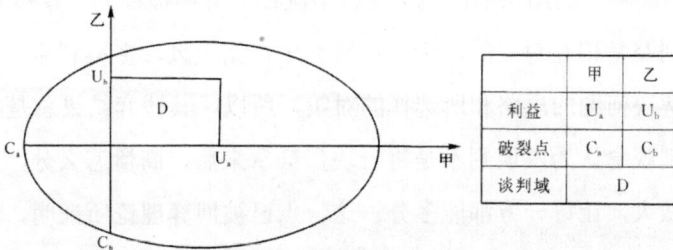

	甲	乙
利益	U_a	U_b
破裂点	C_a	C_b
谈判域	D	

图3-1 谈判的利益分割

四、博弈理论基础上的谈判程序

根据博弈论分析方法，可以将谈判过程分为三个步骤：一是建立风险值；二是确立合作剩余；三是达成分享剩余的协议。

（一） 建立风险值

建立风险值是指打算合作的双方对所要进行的交易的评估确定，包括产品风险、资金风险、社会风险、舆论风险等。在实际交易中，情况比这要复杂得多。首先，许多合作项目的风险值的确定，本身就是一个庞大的工程，收益也是长期的。短期内难以确定；其次，还取决于谈判的双方是竞争者或是合作者的关系，前者双方的利益是对抗的，后者双方的利益是一致的。显然后者的风险值比较容易确定。

（二） 确立合作剩余

风险值确定后，会形成双方合作的剩余，但是，如何对合作剩余进行分配却是最关键的问题，双方的讨价还价、斗智斗勇就是为了确定双方的剩余。关于剩余的分配，从来没有统一的标准，一般取决于实力的对比和谈判策略与技巧的运用。实际上，对于许多谈判项目来讲，合作剩余的多少也是一个难以确定的未知数，因为合作剩余还应该包括一些附加的利益。确定合作剩余的一个最根本的问题就是如何分配参加博弈的各方的利益。人们的社会经济活动除了获得胜利、收益和正效用外，也会得到失败、损失和负效用。在许多情况下，一方收益的增加必定造成另一方收益的减少，如双方的矛盾焦点都集中在交易价格上，不论怎样分配，都不会影响总的结果的改变，这种情况在博弈中被称为"零和博弈"。它的特点是各方利益是相互对立的，为了在博弈中占据上风，多得利益，都不想让对方知道自己解决问题的思路和所选择的对策，所以，其博弈结果总是不确定的。

现代谈判观念认为，谈判不是将一块蛋糕拿来后，商量怎么分，而是要想方设法把蛋糕做大，让每一方都能多分。这一点已被博弈理论所证明，即"变和博弈"。变和博弈研究的是进行不同策略的组合，使博弈各方的得益之和增大。这就意味着参与谈判（博弈）的各方要相互配合，即在各自的利益驱动下自觉采取合作的态度和行为，将利益扩大，使每一方都多得，追求皆大欢喜的结果。

（三）　达成分享剩余的协议

商务谈判是一种具有不确定性的行为，即无法保证谈判一定会成功。如果谈判不能坚持下去，各方就不能进行有效的合作，也就无法创造新的价值，实现更大的利益。阻止谈判顺利进行和各方有效合作的最大障碍，就是谈判各方难以在如何分割或分享价值问题上达成一致协议，即我们通常所说的确定成交价格。

当然，这里的"成交价格"含义较广，包括以价格为主的一切交易条件。实际上，诸多的谈判，人们对双方合作的剩余是多少也很难确定。如果各方都认识到达成协议对彼此都有益的话，各方的谅解与合作是完全可能的。达成协议，是谈判各方分享合作剩余的保证，也是维系各方合作的纽带。

第四章　商务谈判语言运用与观点表达技巧

第一节　商务谈判中语言运用的基础理论

一、商务谈判语言的定义

人们为了方便沟通交流，在不断实践基础上发明了语言。它是一种有利于信息交换的符号体系，可以从狭义和广义两个方面进行理解，前者是由发音、形状和意义构成的文字系统，后者的范围更为宽广，它是指人与人之间进行沟通交流的所有信息载体，包括写字、说话和手势等。

谈判这个词在汉语词典里的解释是这样的，谈就是进行讨论说话，判就是判断的意思，综合起来谈判就是针对某个问题而进行会谈，以取得解决方案。

谈判可以分为很多种类，商务谈判是其中的一个分类，它是指在经贸往来中，双方为了各自目的而进行磋商、协调，以取得一致意见达成协议，并各自从中获得益处的过程。从定义中可以看出，必须依靠语言才能完成整个谈判过程。在相互沟通交流的过程中必然要进行积极的思维活动，然后酝酿语言表达出自己的意见。这个过程也是双方充分表达各自主张、讨价还价争取各自利益的过程。因此怎样利用语言将双方的思维和情感充分展示出来是商务谈判的关键，对于商务语言的研究也就很有意义。

二、商务谈判语言的重要性

在商务谈判中恰当地运用语言描述自己的观点是非常重要的，它甚至关系到谈判的成功与否。

第一，语言是一门艺术，缜密的思维过程良好的语言表达是成功谈判的基础。

有学者认为凡是成功的人士必定是出色语言的运用者，因此每一次成功的会谈都是双方利用语言巧妙而精确表达自己观点的过程。

第二，在商务谈判中，充分利用语言这一有效工具表述自己意见并说服对方，从而达成一致意见。谈判的过程实际就是双方坐在一起根据中心议题运用语言展开讨论，以表明各自观点的过程。商务谈判中经常为了各自利益而出现争执不下的局面，在这个时候如果能够巧妙运用语言努力让对方做出适当让步，并接收己方条件即获得了谈判的胜利。但是如果运用语言不恰当甚至不能有效驾驭语言，则会在谈判中处于不利地位，从而丧失主动权。

第三，运用语言实施相应策略赢得谈判。商务谈判中巧妙地运用语言策略是非常重要的，在一定程度上决定了谈判能否取得成功。在谈判桌上经常使用的策略就是红、白脸的运用，白脸充分表达自己观点，既以理服人又要态度坚决，言辞犀利而又礼貌待人。充分展示语言艺术的机会，态度坚决不是无理要求，得体的语言、平和而稳重的肢体动作都是对己方观点有益的展示，因此讲究语言艺术有利于驾驭谈判过程从而达到自己的目的。

第四，高巧的语言艺术是谈判双方人际沟通的润滑剂。谈判中人际关系的形成需要以语言作为纽带，双方各自意思的表达也是通过语言展示出来的，运用语言表达出自己观点的同时，也能满足对方的要求是形成良好人际关系的基础。但是如果驾驭语言的能力偏低，不能准确表述己方意见的同时也没有达到对方的意愿，甚至造成误解，即是不成功的谈判。

第五，巧妙运用语言艺术处理谈判过程中出现的分歧，从而使谈判得以顺利进行。由于双方各自立场观点不同，谈判中出现分歧甚至矛盾也是难以避免的。但是既巧妙地运用语言艺术充分表述自己的意见又能弥合双方之间的分歧是非常重要的。谈判中做到委婉、有力说服、反驳、反对对方的意见，同时又让对方可以从心理上不反感甚至愉悦的接受，就能为达成一致意见奠定良好的基础。例如可以运用语言转折的方式表示反对的意见，有利于双方建立平等协商的关系，也维护了对方面子。谈判中也要真诚的运用语言，不要让对方感觉言不由衷，从而导致怀疑、猜忌等负面因素。

综上所述，商务谈判是运用语言表达各自意见，努力使对方接受己方观点的过程。良好的语言驾驭能力是成功谈判的基础，所以谈判也是一门语言艺术，而深入研究语言艺术有利于提高谈判成功率。

三、商务谈判语言的运用法则

与一般日常交际语言相比，谈判语言更具艺术性，并高于交际语言，是一种属于谈判领域的专门语言。想要灵活运用这门语言就要掌握它的使用原则。

（一）谈判语言的客观性

谈判语言应具有客观性，这种客观性是指谈判双方在沟通交流过程中，应以客观事实作为谈判的基本原则，用适当的语言向对方展示有意义、令人信服的事实根据。谈判双方坐在一起的目的，是为了协商一致达成有利于各自利益的协议，因此谈判要以事实为依据，在双方彼此尊重有诚意的基础上进行谈判。而不要为了达到自己目的去编造事实、进行没有根据的高谈阔论，这样只会招致对方反感使谈判走向破裂。因此谈判的首要基础就是要建立在语言的客观性原则上，具体可以从卖方和买方两个方面予以体现。

对于卖方而言，语言的客观性主要体现在对产品和企业的介绍上，要以客观事实为准绳，对自己的产品和企业进行恰当介绍，可以出示样品或以ＰＰ的形式展示有关产品的功能，让对方对产品和企业有感性认识，在和对方进行价格沟通时，要结合自己实际成本，同时考虑对方的接受程度，以双方都能满意为目的，谈论支付方式时也要考虑双方是否都能接受。

对于买方而言，要考虑自身的实际财务情况，不能不顾事实而夸大购买力，也不要刻意贬低对方产品质量，要尽量做到客观描述。在讨价还价时，要考虑双方利益，抬价和压价要建立在事实的基础上，双方都要真诚谈判，即使合作不成功也要感觉到双方都是有诚意的。

语言客观性是谈判的基石，彼此能够相互信任增强亲和力是谈判成功的关键因素，也是下一步进行合作的基础。虽然客观性是谈判的基本条件但并不是谈判的充要条件，在具体谈判过程中要灵活把握，既不失原则性也注重灵活性。

（二）谈判语言的针对性

谈判语言要具有针对性，这种针对性指谈判要有明确的主题，所有的话题展开都是以这个主题为核心进行讨论的。而不是信马由缰随意说出。具体而言是指谈判的主题、内容、谈判双方人员构成等。

商务谈判可以分为很多类型，包括代理谈判、贸易谈判、咨询谈判、工程谈判以及兼并谈判导尿管。主题不同，内容也就不同。有些虽属同一类型但是由于想要达到的目的不同，内容也随之不同，因此谈判的针对性要非常明确。在谈判前做好准备工作，包括搜集相关资料，要考虑对方可能提出的问题以及怎样进行回答等。只有做好充分准备，有针对性的运用语言，才能使谈判朝着自己有利的目标前进。

由于谈判的内容涉及多个方面，要对每个方面进行有针对性语言锻炼，以增强谈判应对能力。同时在运用语言时要考虑对己方是否有利。

谈判语言的针对性还体现在具体的谈判对手上，由于谈判主题、内容以及场合的不同，会有不同的谈判对手，而谈判对手也有自己特有的行事风格，因此在谈判之前要根据不同的谈判对象确定合适的谈判语言。有些性格耿直的对手需要以简单明了的语言策略予以应对，有些性格温热性的对手需要以感性语言进行应对。同时也要考虑对方的工作履历、学历、思维习惯以及个性特征等予以区别对待。

（三）谈判语言的逻辑性

逻辑性是谈判语言必须具备的要素，它是指在谈判过程中，首先应判断准确，以事实作为推理依据，然后表达应清晰无误，符合逻辑规范，要体现出语言的思辨性、连贯性和客观性，要求谈判者具备严谨的思维能力。这就要求在谈判开始前，要有针对性的搜集相关资料，然后进行整理归纳，做到准备充分才能逻辑性更强的表达出来，从而获得对方的认可。逻辑性要贯穿谈判的始终，在表述己方意见和要求时都要以严谨的语言，清晰地表达出来，这是说服对方的基础。同样在提出和回答问题时也要注意语言的逻辑性。在谈判过程中也要把握机会根据客观实际作出判断，切忌答非所问。总之只有强调逻辑的重要性，并在谈判中灵活运用才能获得对方好感，从而使谈判得以顺利进行。

（四） 谈判语言的论辩性

谈判的过程也是针对主题进行论辩的过程，只有展开辩论进行充分讨论，才能彻底了解双方对主题的观点和看法，找出双方之间的距离，找到弥合分歧的办法。辩论带来的益处还在于，能够发挥谈判者的逻辑辩论能力，对问题的理解和解决问题的空间范围，显示谈判者的个人魅力，以事实为根据说服对方。通过对问题进行充分辩论，可以更深入了解问题本质从而更好地解决问题。所以论辩始终贯彻整个谈判过程，只有在事实论据的基础上，充分发挥语言艺术的魅力才能推进谈判过程，最终取得成功。

（五） 谈判语言的规范性

谈判语言要具有规范性，这里的规范性是指语言使用要得体、严谨、准确和文明。

第一，谈判过程中使用语言要讲究文明礼貌，符合相应的行业规范和职业道德。而使用粗鲁、污秽的语言不利于谈判顺利进行，会起到相反的作用。在与外商谈判中还要注意政治以及意识领域方面的问题。

第二，谈判语言要简洁易懂，尽量使标准化语言，一般不要使用方言、俚语、俗语等。

第三，使用语言要注意语气、语调，既要运用得体又要充分清晰表述自己观点，嗓音不要过高或过于微弱，避免感情用事。

第四，运用谈判语言应理由充分、证据充足，并用词严谨、表述准确，尤其在谈到价格时更要得体运用语言。由于用词错误造成误解的情况在谈判中也是很常见的。所以发言前要进行充分思考，精准的表达己方意见。只有这样才能在谈判中获得相应利益。

四、商务谈判语言的类型

商务谈判语言范围宽广，依据不同的标准可以分为不同的类型。如下内容根据语言使用者的目的、态度以及语言特点将其划分为礼节性、专业性、留有余地型、威胁劝诱型以及幽默诙谐型语言。

第一，礼节性交际语言。这类语言的特点是讲究礼貌、语言运用得体，具有表面性、礼仪性特点，是谈判的前奏语言。使用这种语言的目的是为了双方相互进行了解、缓和气氛，便于增进感情交流。它是以相互尊重为前提，以委婉、客气的语言及其语气进行表达，体现文明礼貌和待人热情，为接下来顺利谈判奠定良好基础。经常使用的客气语有"见到您很高兴""谢谢关心"等。得体的问候语能够消除彼此的陌生感、和敌对心理，便于双方沟通交流从而营造宽松、和谐的谈判氛围。同时得当的语言是说话者自身素质的体现，也是得到对方认可的前提，有利于顺利进行接下来的谈判。

第二，专业性交易语言。这种语言的特点是规范性、严谨性以及专业性。它是谈判的主导语言。

在进行国际贸易的过程中，由于各国家和地区理解上的不同会带来很多歧义，因此规范交易语言使其具有通用性有利于交易的顺利进行。如在有关国际贸易术语中对"成本加保险费、运费（CIF）"和"成本加运费（CFR）"等作出明确规定。

由于合作双方的风俗习惯、法律制度不同，对相应的权利、义务和责任也有着不同的理解，因此为确保合作顺利降低不必要的风险，必须重视语言的逻辑性，这就要求专业交易语言必须严谨、科学。

有时经过长时间磨合，在一定地区形成了共同认可的语言习惯，但是由于国际贸易地域范围的广阔性，对同一语言存在着不同的理解，所以在商务谈判中还要对相关语言进行确认，以明确双方的责权利，从而避免产生不利后果。

第三，留有余地的弹性语言。这种语言是指对概念没有明确定义存在理解上的歧义。它的特点是灵活性、适应性和策略性。所以使用弹性语言能够在谈判中留有回旋余地，而不过早展示自己底线。当面对一时难以定性或无权做出决定的事项时，使用这种策略可以赢得时间进行研究，从而避免了因盲目决策而使自己陷入被动。

模糊语言是弹性语言的一种，使用这种语言也可以为谈判留有回旋余地。它具有适应性强和灵活性强的特点。有时面对复杂的问题不可能马上做出决断，而使用模糊语言进行留有余地的弹性回答，有利于为后续谈判服务，也避免因为仓促判断而造成损失。谈判中合理恰当地使用模糊语言能够给双方留有弹性空间，也避免给自己带来不必要的麻烦。

第四，威胁劝诱性语言。这类语言是指向对方发出对抗、强硬性语言或柔和、委婉性语言，以威胁和诱导为目的。使用这种语言要明确产生的后果。

谈判是以最终的利益为目的，当谈判一方感觉利益倾向于另一方时便会产生着急情绪，这时就会有粗暴语言、行为产生的可能，这样做的目的是强化己方立场，试图从心理上战胜对方，同时也起到振奋自己团队精神的作用。

但是使用这种语言也要明确产生的后果，处理不当容易引起双方矛盾，不利于谈判顺利进行，甚至存在破裂的可能。而劝诱性语言可以避免矛盾激化，能够在谈判中取得主动权，是谈判过程中使用的一种比较好的手段。它的目的是吸引对方的注意力，按照己方的思维考虑问题，从而做出有利于己方的判断，最终取得谈判成功。

威胁语言和劝诱性语言各具特点，前者以干脆、鉴定、明确甚至冷酷的方式表明自己的立场，而后者则以委婉、平缓的语调劝导对方接受己方观点。

第五，幽默诙谐性语言。这类语言活泼生动、具有一定感染力，它是讲话者自身素质和智慧灵感的体现，恰当使用这种语言可以引起双方的默契与共鸣，使双方心情愉悦，消除紧张情绪，从而使谈判得以顺利进行。

在谈判中使用幽默语言不仅是智慧的体现，同时也显示了高超的谈判艺术。

第二节　商务谈判语言的表达技巧分析

一、商务谈判语言表达技巧的重要性

语言是一门高超的技术，能够使人们在交往时获得更多的知识和信息。谈判语言是语言艺术运用的典型，能够在最大程度上体现语言表达的技巧。谈判需要双方借助语言交流各种信息。谈判人员通过聆听、问答、叙述、辩论等各种形式来接收对方的信息，同时还包括一些肢体语言。借助谈判技巧可以整体把控住谈判的局势、话题谈论方向，使谈判朝着有利于自己方向发展，为自己提供最大的利益，使双方进行有效的沟通。

二、商务谈判语言表达技巧的运用

（一）倾听艺术的运用

在谈判过程当中，聆听是一种重要的技巧，它能够让谈判人员及时接收到准确的信息，并对这些信息进行反馈。

1. 倾听艺术的重要性

在谈判过程中，要做到多听少说，这是使谈判能否成功的重要因素，是谈判者做出的最有效的行为。从日常经验看，多听也是自我修养的一种表现。当我们在认真听别人讲话的时候，对方会接收到我们的信息，知道对方对自己讲述的内容非常感兴趣，从而使说话者的自尊心得到极大的提高，使谈判者双方的感情得到加强，从而营造出一种轻松愉悦的谈判氛围。在谈判过程中，聆听不仅仅是要借助耳朵来听，还要用眼睛去观察对方的表情和肢体动作，从内心出发为对方考虑，用大脑去思考对方说话的内在动机，充分运用耳朵、眼睛、心灵、大脑等各个器官，最终达到谈判的最高目的。

善于倾听是一项重要的谈判技巧和个人修养。认真聆听能够产生良好的沟通效果。第一，善于聆听使人们能够掌握谈判语言用法，这些语言用法一般都是人们在谈判当中经常会用到的技巧；第二，倾听对方的谈话可以集中注意力，看到对方的态度改变，这是因为人的态度和语言并不是同步的，有的时候态度改变了，语言却没有准确地表达。所以认真聆听可以使谈判者觉察到对方的态度改变；第三，聆听可以及时发现对方的需要，这种方法更加便捷有利，能够及时了解谈判信息；第四，聆听可以准确明白谈判对象的态度、观点、立场、内部分歧、沟通方式等，可以准确掌握对方谈判的细微变化，掌握谈判的主动权；第五，聆听可以给对方留下良好的印象，营造一种轻松的谈判氛围，使谈判更加顺利通畅。

2. 有效倾听的方法

要想提高聆听的效果，还要学会如何聆听。下面将聆听的技巧分为"五要"和"五不要"。

"五要"即：一要专心致志、集中精力的听。即要求谈判人员在听对方发言时聚精会神，同时，还要配以积极的态度去倾听，这是倾听中最基本，也是最重要的要求。要做到这一点，就应避免出现心不在焉的现象。据心理学统计：一般人说话的速度为每分钟１２~０２０字，而人听及思维的速度，大约要比说话的速度快四倍左右，因此，往往是说话者话还没有说完，听话者就大部分都能够理解了。这样一来，听者常常由于精力的富余而不专心。也许恰是这时，对方传递了一个重要信息，而自己没有理解或理解错误，便会造成信息的丢失和理解的偏差。即使是自己熟知的话题，也不可充耳不闻，将注意力分散到研究对策或其他问题上去。

在聆听时，聆听者要配合上适当的动作，和谈话者进行眼神接触，用适合的表情来对别人所讲的内容予以鼓励，比如微笑、点头、摇头、皱眉等，这些动作都可以使聆听的效果加倍。

认真聆听对方的讲话是作为一名合格商务谈判所具备的基本素质之一。在整个谈判的过程当中，如果出现无法理解对方发言或难以忍受的情况时，千万不要用肢体动作表现出厌恶或是拒绝，这将妨碍谈判进程的发展。

二要借助笔记记录等形式来使自己的精力更加集中。人在一定时间内很难长时间保持注意力的高度集中。所以在聆听时，可以借助笔记的形式，使自己的记忆更加有效，使自己更好理解对方讲话的内容，还可以在发言结束之后及时向对方发出质问。记笔记还可以看作是对对方的一种无形鼓励，使对方感受到自己在被重视，从而使谈判的进程更加顺利。

在商务谈判过程中，人的精神和思维是高度紧张的，有非常多的信息和数据需要进行处理，同时紧张的现场氛围很容易让人遗漏掉重要的议题。所以对于重要活动或者是信息量超级大的商务谈判来说，记笔记是非常重要的。谈判人员不要对自己的记忆力过于自信，而不去做笔记，这样对于谈判的进程是非常不利的。

大量的实验证明。聆听者即使拥有再好的记忆力，也无法记住全部的讲话内容，只能对大概内容进行模糊记忆。所以在谈判过程当中记笔记是必须的，这样可以使我们的记忆漏洞及时得到弥补。

三要筛选对方的发言。为了能够实现更好的谈判效果，需要认真聆听对方的讲话。但是一般情况下，人们在说话的时会一边说一边思考，无法整理出清晰的思路，有时候会围绕着同一个问题反复来讲，无法突出谈判重点。这时候聆听者就要对这些信息进行二次加工，摘取出讲话重点，对于所接受的信息及时进行筛选，吸取到谈判当中的精华和要点。

四要避免头脑当中的固有印象。当一个人头脑当中已经存在某种固定印象时，往往会对讲话者所传达的信息进行筛选，只听取对自己有利的内容。这样的做法会使听话者无法接收到全部信息，只是从主观角度出发，听到对自己有利的信息，从而导致判断失误，在行为上做出错误的选择。所以聆听者要打破自己头脑当中的刻板印象，认真听取讲话者的全部意思。

五要营造出轻松愉悦的谈判氛围。在这样的氛围当中谈判双方都能够保持心情平静，使谈判更加成功。如果谈判领域自己比较熟悉，则不需要提前熟悉或者是适应环境。相反，如果对谈判环境不熟悉，往往会发生很多不应该出现的错误。所以有利的谈判环境可以使谈判更加顺畅。大量实验已经证明了这个观点。所以争取主场谈判是重大商务谈判的重点，在这种场合下会发挥出谈判人员最好的水平，即使没有主场谈判的环境，也要挑选出一个双方都不熟悉的中心场所，使双方不具备场地优势，从而处于一种公平竞争的状态。

五"不要"有以下几点内容：第一，不要因轻视对方而抢话、急于反驳而放弃倾听。人们在轻视他人时，常常会不自觉地表现在行为上。比如，对对方的存在不屑一顾，或对对方的谈判充耳不闻等等。在谈判中，这种轻视的做法有百害而无一利。这不仅表现了自己的狭隘，更重要的是难以从对方的话中得到所需要的信息。同时，轻视对方还可能招致对方的敌意，导致谈判关系破裂。谈判中，抢话的现象也是经常发生的。抢话不仅会打乱别人的思路，也会耽误自己倾听对方的全部内容。因为在抢话的同时，大脑的思维已经转移到如何抢话上去了。抢话不同于问话，问话是由于某个信息或意思未能记住或理解，而要求对方进行解释或重复，因此问话是必要的。抢话则指急于纠正别人说话的错误，或用自己的观点来取代别人的观点，是一种不尊重他人的行为。因此，抢话往往会阻塞双方的思想和感情交流的渠道，对创造良好的谈判气氛非常不利，对良好的收听更是不利。

另外，谈判人员有时也会出现没有听完对方发言就急于反驳对方某些观点，这样也会影响到收听效果。事实上，如果把对方的讲话内容听得越详尽、全面，反驳时就越准确、有力。相反，如果在对方谈话的全部内容和动机尚未全面了解时，就急于反驳，不仅使自己显得浅薄，而且还会使己方在谈判中陷入被动。

第二，不要使自己陷入争论。当不同意讲话者的观点时不能立即驳斥。一旦发生争吵，也不能一心只为自己的观点寻找根据而把对方的话当成耳边风。如果不同意对方的观点，也应等对方说完以后，再阐述自己的观点。

第三，不要为了急于判断问题而耽误听。当对方讲述了有关内容后，不要急于判断其正误，因为这样会分散精力而耽误听其下文。虽然人的思维速度快于说话的速度，但是如果在对方还没有讲完的时候就去判断其正误，无疑会削弱本方听话的能力，从而影响倾听效果。因此，切忌不可为了急于判断而耽误听。

第四，不要回避难以应付的话题。在商务谈判中，往往会涉及一些诸如政治、技术、经济以及人际关系等方面的问题，可能会令谈判人员一时回答不上来，这时，切忌不可持充耳不闻的态度。因为这样回避对方，恰恰是暴露了本方的弱点。在遇到这种情况时，要有信心、有勇气去迎接对方提出的每一个问题。只有用心去领会对方提出的每个问题的真实用意，才能找到摆脱难题的真实答案。另外，为了培养急中生智、举一反三的能力，应多加练习，多加思考，以便自己在遇到问题时不乱不慌。

第五，不要逃避交往的责任。交往的双方缺一不可：既要有说话者，也要有听话者，而且每个人都应该轮流扮演说话者的角色。作为一个听话者，不管是在什么情况下，如果不明白对方所说话的意思，就应该用各种方法让对方知道这一点。在这里，可以向对方提出问题加以核实，或者积极地表达出听到的内容，或者使用套用法让对方纠正听错之处。如果做到了以上几个方面，所听到的内容就会比较全面，理解也会比较深入。[①]

（二） 提问艺术的运用

提问是一种非常有用的谈判工具，商务谈判中常用"问"作为摸清对方需要、掌握对方心理、表达自己感情的手段。如何"问"是很有讲究的。重视和灵活运用发问的技巧，不仅可以引起双方的讨论，获得信息，还可以控制谈判的方向，因而"问"也成为衡量谈判者能力的一种重要标志。谈判能手常常也是提问专家。"问"一般包含三个因素：问什么问题、何时发问、怎样发问。

1．商务谈判中发问的类型划分

在商务谈判中，要达到的目的不同，想获得的信息不同，所提出的问题也必然不同；同一问题，也可以用不同的方法提出来。下面介绍几种有效的提问方式：第一，封闭式发问。封闭式发问是指在特定的领域中能带出特定的答复（如"是"或"否"）的问句。例如："您是否认为售后服务没有改进的可能？""您第一次发现货品含有瑕疵是在什么时候？"等等。封闭式问句可令发问者获得特定的资料，而答复这种问句的人并不需要太多的思索便能给予答复。但是，这种问句有时会有相当程度的威胁性。

第二，澄清式发问。这是针对对方的答复，重新提出问题以使对方进一步澄清或补充其原先答复的一种问句。澄清式发问的作用在于它可以确保谈判各方能在叙述"同一语言"的基础上进行沟通，而且还是针对对方的话语进行信息反馈的有效方式，是双方密切配合的理想方式。

第三，强调式发问。强调式发问旨在强调自己的观点和本方的立场

第四，探索式发问。这是针对对方答复，要求引申或举例说明，以便探索新问题、新方法的一种发问方式。探索式发问不但可以进一步发掘较为充分的信息，而且还可以显示发问者对对方答复的重视。

第五，借助式发问。借助式发问是一种借助第三者的意见来影响或改变对方

[①] 林晓华，王俊超．商务谈判理论与实务[M.]北京：人民邮电出版社，２０１６

意见的发问方式。比如："某某先生对您方能否如期履约关注吗？""某某先生是怎么认为的呢？"采取这种提问方式时，应当注意提出意见的第三者，必须是对方所熟悉而且是十分尊敬的人，这种问句会对对方产生很大的影响力；否则，运用一个对方不很知晓且谈不上尊重的人作为第三者加以引见，很可能会引起对方的反感。因此，这种提问方式应当慎重使用。

第六，强迫选择发问。这种问句旨在将本方的意见抛给对方，让对方在一个规定的范围内进行回答。运用这种提问方式要特别慎重，应在己方掌控充分的主动权情况下使用。否则很容易使谈判出现僵局，甚至出现破裂。需要注意的是，在使用强迫选择式发问时，要尽量做到语调温柔、措辞达意得体，以免给对方留下专横跋启、强加于人的不良印象。

第七，证明式发问。证明式发问旨在通过己方的提问，使对方对问题作出证明或理解。例如："为什么要更改原已定好的计划？""请说明道埋好吗？"等等。

第八，多层次式发问。这是含有多种主题的问句，即一个问句中包含有多种内容。例如："贵国当地的水质、电力资源、运输状况以及自然资源情况怎样？""您是否就该协议产生的背景、履约情况、违约的责任以及双方的看法和态度谈一谈？"这类问句因含有过多的主题而致使对方难以周全把握，许多心理学家认为，一个问题最好只含有一个主题，最多不能超过三个运用，比如在发问时可以包含超过三个以上的主题。

第九，诱导式发问。这种问句旨在开渠引水，对对方的答案给予强烈的暗示，使对方的回答符合己方预期的目的。

第十，协商式发问。指为使对方同意自己的观点，采用商量的口吻向对方发问。即使对方没有接受条件，谈判的气氛仍能保持融洽，双方仍有继续合作的可能。

2. 商务谈判中提问的时机

在商务谈判中，合适的提问机会是非常重要的，主要有以下几点：第一，对方发言之后再提问。在对方发言的时候不要打断提问。首先这种行为非常没有教养，容易使对方产生反感情绪。同时在对方发言的时候应做到认真聆听。假如发现了对方重大问题，也不要着急提问，可以把这些想问的问题先记录在笔记上，等对方发言结束之后再提问。这样的行为可以体现出良好的道德修养，还能够充分了解对方讲话的意思。

第二，在对方发言的间隙时进行提问。在谈判中，对方的发言时间太长，执着于讲述某个细节或者是翻来覆去讲不到重点时，会使谈判进程减缓。那么可以在他们讲话间隙时及时进行提问，这是我们争取主动权的必须选择。

第三，在规定的时间里进行提问。在重要的国际商务谈判当中，都有谈判议程。这些议程里会专门设置谈辩论时间。对方各自阐述的时候通常不会辩论，也不需要提问。在辩论的时间里谈判双方可以进行提问，然后根据这些提问进行双方辩论。所以谈判双方要做好充分的准备，可以根据对方的方案，提出几个针对性的问题再根据对方可能会提出的问题思考出自己的答案。谈判过程当中要及时做好记录，梳理谈判分歧，使自己的提问能够问到重点和关键点上。

第四，再自己发言之前或之后提问。在谈判过程当中，当轮到自己发言的时候，可以先针对对方的观点进行提问，然后再阐述自己的观点。这种提问方式可以使自己处于主动的有利位置上，避免对方影响到自己的发言，在阐述自己的观点以后就可以按照自己的思路引导谈判方向。

3. 商务谈判中"问"的要诀

只有掌握到精准的发问诀窍，才能够实现良好的提问效果。

第一，要提前准备好想要提问的问题，这些问题不能够让对方快速想到答案，如此才能够产生良好的效果，而且还要准备好答案，防止对方提出问题。通常来说，经验越丰富的谈判人员往往会提出一些看似普通但实际奥妙的问题。这些问题通常比较容易回答，但是这个问题往往为下一个问题做准备，为重要问题的提出奠定基础。因为这时候对方的思想懈怠，在面对回答重要问题的时候，往往会手足无措。在回答简单问题的时候，他们已经展示出了自己思想的局限性，如果这时候回答重要问题的话，便会使局限性进一步扩大。这时候的答案可能才是谈判所需要的。

第二，尽量少提让对方无法让步的问题，这种问题的设置会阻碍谈判进程，造成不可挽回的麻烦。所以在提问的时候，自己的退路和对方的退路都要考虑到好，把握好中间合适的度。

第三，不穷追猛打的追问。如果对方的答案不完整，或者是干脆不回答。谈判者也不要穷追猛打的追问，而是要等待合适的时机进行再次提问，来表示对于谈判的尊重。时机成熟的时候对方自然会回答。在合适的时候可以把一个已经知道答案的问题抛给对方，来看一看对方是否会诚实回答，也可以从中看出对方的谈判态度。这样的行为可以给对方一个暗示：表明自己对整个谈判的过程非常熟悉也充分掌握了对方的所有信息，有利于决策的进一步执行。

第四，牢记谈判不是审判。不要用法官质问犯人的态度去问询对手，会让对方产生厌烦情绪，并处于一种双方敌对的状态当中。谈判双方都应静下心来探讨各种问题，持续质问的发问会让对方不愿意回答，不愿意正面回答，即使回答了也是敷衍了事。

第五，在提出问题之后要保持沉默，等待对方作出回应。通常谈判者在提出问题之后应保持沉默，给对方带来压力。那么对方要想打破这种谈判中的沉默状态，就必须要回答问题，也就是说将谈判责任转嫁给对方。

第六，态度诚恳是提问的前提。如果谈判者提出某一个问题，对方不想回答，或者是态度强硬，那么谈判者可以用诚恳的态度来打动对方，让对方愿意回答提出的问题。经过大量的实验证明，这样的操作，可以促进谈判双方的感情，使谈判更加顺利进行。

第七，提问要尽量短小精悍。在双方谈判的过程当中，提问要短小精悍，而答案则要尽可能的越长越好。如果回答的话比提问的话还要少，那么提问者将处于一种被动的尴尬地位，毫无疑问，这种提问方式是不可取的。

以上七点谈判技巧都是从大量的真实谈判场景中总结出来的，是为了让学习者能够更好地把握住提问的时机，掌控住谈判的整体发展方向。值得注意的是，学习者不要把这些技巧变成了限制追求自身利益的"圣经"，这样反而是得不偿失的。

（三）回答艺术的运用

提问要有技巧，相应的回答问题也要有相对应的技巧和方法。只有这样，人与人之间的沟通和交流才是有效的。如果问题提的不合适，那么对于谈判进程是不利的。同样如果回答不合适也会使自己陷入一种不利的局面，因此谈判者对于自己的回答要慎之又慎，每一句话都是一种承诺，因此回答问题的人往往带有一定的精神负担，所以回答问题的水平往往决定了一个谈判人员的水平。

实事求是是谈判人员在回答问题时所具备的基本要点，但是谈判所提出的问题往往是带有很多陷阱性的，如实回答并不是一种最好的选择。每一种回答都要精心考虑，避开问题所涉及的各种的圈套、谋略和设计，因此在谈判当中回答要注意以下几点。

第一，不要着急回答问题。并不是问题回答的速度越快越好。我们要明白这是谈判，不是辩论比赛。在很多商业谈判当中。提问的问题刚一抛来，谈判者就赶紧回答问题。很多人会认为如果别人提出问题，而自己回答速度太慢的话，会让对方有一种自己准备并不充分的感觉。相反，如果自己能够快速回答问题，就表现出自己雄厚的实力和充足的准备。事实恰恰相反。对于谈判来说，当对方把问题抛出之后，回答者可以喝口水或者是点支烟、调整一下自己的椅子姿势、整理下桌子上的资料、翻翻书本等，借助这些动作，使思考时间加长，可以充分考虑对方所提出的问题。这种做法要看起来显得非常自然，让对方能够看见，避免对方对于自己的一些错误的认知。

第二，要仔细揣摩提问者的心理。因为在商业谈判过程当中，每个问题的提出都有预定的目的，提问的动机也是无法揣摩的。所以我们在回答每个问题的时候，要仔细思考提问的动机，如果只是按正常思路来回答的话，一般不会有太好的谈判效果。只有从对方的心理角度揣摩对方真实的心理活动，才能够有令人叹服的回答。

第三，对所回答的问题要有所保留。因为在商业谈判当中，回答者并不是要回答每一个问题，因为有些问题并不值得回答。当对方抛出一个问题想去了解我们的观点和想法时，我们在回答时就要保持谨慎，要根据具体的情况来进行回答。如果想让对方知道我们的态度或者是我们的立场的话，那么就要认真回答，如果是一些损坏自己的形象、泄露机密的信息就不必回答。但是在拒绝时要注意礼貌用语。谈判者可以把问题的回答范围变小，比如对方问我们的产品质量如何，我们不用详细的把每一项指标都告诉他们，只需要摘取其中重要指标告诉他们即可。或者他们关心产品的价格表，直接问产品的价格。如果直接把最终价格告诉对方的话，我们则丧失了谈判的底牌，所以要转移对方的注意力。

第四，有时候不需要正面回答问题。如果一个问题我们无法从正面回答或者不能直接拒绝，可以选择运用转移注意力的方法，在回答问题的时候将问题回答的方向转向不重要的方面，使对方无可奈何。比如可以说一些无关紧要的问题，看上去既回答了问题，但是对方没有获得想要的答案。

第五，只回答自己所知道的，不知道的事情尽量不要回答。即使是参与谈判的人也不是什么都知道，不管是多充分的谈判准备也无法解决所有的问题。所以谈判者不要为了自己的面子而一知半解回答问题，这样反而会受到别人的嘲笑。

第六，用提问代替答案。这种方式一般用来应对自己不想回答的问题，就像"踢皮球"一样把问题又重新踢给对方，让提问者进行自我反思，比如商务谈判进展不顺畅，那么其中一方问对方 "对未来合作是否抱有期待"。问题确实非常难回答。谈判高手便会这样回答"那么您对我们双方合作的前景又是怎样看待的呢？"谈判双方会重新思考这个问题，反思目前的状态，打破目前谈判的尴尬状态。在商务谈判当中。这种方法对于一些不方便回答的问题是非常有效的。

第七，请求对方重复所提出的问题和打岔也是有效的谈判技巧。在商务谈判的过程当中，让对方重复自己所提出的问题，可以让自己有更多的时间进行思考问题。其实当提问者再次重复问题的时候，我们在头脑当中已经在飞速整理回答思路。这种思考状态要保持正常，不应该被对方所察觉，否则便会适得其反。

打岔可以给回答者带来更多的时间进行思考。在国际谈判当中，谈判者如果遇到一些自己没有办法回答，但又必须正面回答的问题时，便会想尽各种办法为自己争取更多的思考时间。一般来说，在国际谈判过程中，双方都会安排人员在关键的时候进行干扰。比如请某先生接电话或者请回答者签份文件。有的时候回答者还可以借口去洗手间或者打电话来拖延自己回答问题的时间。

"不该说什么"和"该说什么"是实际谈判过程当中的两个关键点。回答者不用太在意所要回答的问题是否是对方想要的答案。在谈判的过程当中，谈判双方从自身利益出发，针锋相对，在提问题时要具有技巧，回答问题时也要有技巧，谈判双方你来我往，使整个谈判过程顺畅成功。

（四）辩论艺术的运用

商务谈判时总是会用到辩论的方法，双方运用辩论为自己争取利益。辩论双方既存在依赖性又具有对抗性，体现了人类的思维和语言的艺术。所以，在辩论时要全方位的分析，从不同的角度去"攻击"对方。

1．辩论中观点明确，立场坚定

辩论双方通过证明自己观点的正确性，从而驳斥对方的观点，这就是辩论中"辩"的意义。辩论双方先表明自己的观点，通过事实论证或者道理论证等方法证明自己观点的正确性，辩论过程中所据的事实论据必须是真实的，最终达到驳斥对方观点的目的。

2．辩论中思路敏捷、严密，逻辑性强

不是所有的商务谈判都需要辩论，当双方在商议的过程中存在问题时就会出现辩论。出色的辩手一般具备冷静、镇定、思维敏捷、逻辑严谨等素质，因此，出色的辩手在遇到突发问题时才会游刃有余。要想赢得辩论，辩手的辩路必须清晰、思维敏捷、逻辑严谨。当双方拥有的谈判条件相差无几时，这样的辩论意义最大，辩手需要沉着冷静、随机应变，找到对方的破绽，一击致命，方能取得胜利。

3．辩论中掌握大原则，不纠缠细枝末节

辩论时，要掌控辩论的主旨和原则，切记揪着细节不放，要把更多的精力和论据放在主要矛盾和主要问题上。认真分析对方观点，抓住主要矛盾进行反驳。

4．辩论中掌握好进攻的尺度

商业磋商中双方运用辩论是为了说服对方承认自己的观点，证明对方观点是错误的，从而为自己争取更多的利益。这与辩论比赛中的辩论不同，这不是比赛，要挣的"你死我活"，所以，在商业磋商中进行辩论，要把握好分寸，何时进、何时退，都要拿捏好，不能抓住对方的错误不放。如果咄咄逼人，对方会产生更加强烈的反击欲望，将我方视为敌人，而不是将来的合作伙伴。

5. 辩论的态度客观公正，措辞准确严密

辩论时，双方都要文明、冷静，随着辩论激烈程度的加深，会出现针尖对麦芒的情况，但是双方都要克制自己，就事论事，不能进行人身攻击。不管辩论的哪一方出现不文明行为，都会使自己公司或者单位的形象大打折扣，不利于商业磋商的进行，甚至会导致磋商的失败，合作的破裂。

6. 辩论中的优势与劣势处理得当

商务辩论中的双方不会一直处于优势地位，在某一方面可能会取得优势，但是谈论到下一个问题时可能就处于劣势地位了，出色的辩手能够权衡优势与劣势。当己方取得优势地位时，一定要抓住时机，利用巧妙的语言和客观的论据，以及合理文明的肢体语言来说服对方，使得对方信服；值得注意的是，我们不能凭借自身优势而表现出傲慢、狂妄，甚至人身攻击的不文明行为。当处在下风，一定要镇定，切忌慌乱、不知所措，如果自己失去了信心，那么有可能就会失去了由劣势转化为优势的机会，因此，我们要欣然接受处在劣势这一事实，寻找对方的破绽和漏洞，想出合理的应对措施。

7. 辩论中要体现良好的举止和气度

在辩论过程中，良好的个人举止和优雅的气质有利于辩论的进行，能够给对方留下深刻的印象；如果出现趾高气扬、指手画脚等不良行为，既是不礼貌的行为，又会引起对方的反感，从而破坏磋商的有序进行。

（五）说服技巧的运用

约克·金是美国语言学家、哈佛大学教授，他说过这样一句话，生存就是人类与社会和自然谈判的过程，通过说服对方，使对方信服从而获取更多的利益。所以说，口才在谈判过程中起着举足轻重的作用。谈判时，哪一方派出的辩手口才更加出色，赢得谈判的几率就会更大。口才技巧包括说服技巧。商务谈判中的重要任务就是说服对方，也是商务谈判中的中心任务，决定着商务谈判的走势和

最终的成功。

所以，一个具备高超说服技巧的辩手能够在风云突变的谈判中泰然自若，取得成功。

1.谈判中替他人着想，取得对方信任

替他人着想是商业谈判中的一种方法。一味地谈自身观点，在某种程度上不能引起对方的共鸣。我们要换位思考，思考他为什么会有这样的观点，他的出发点是什么等等，进一步说明其观点存在的问题，适当提出建议，拉近与对方辩手的距离，赢得他们的信任。

2.谈判需要寻找共同点

商务谈判时，双方的共同点是谈判的突破口，通过寻找和建立共同点能够达到使对方信服的目的。应先通过共同点来进入谈判，随着共同点的增多而促进谈判的深入。商务谈判的目的不是分出胜负，而是通过谈判获取更多的利益，最终达到合作共赢。谈判从共同点开始，会拉进己方和对方的距离，使对方的戒备之心减少，有利于对方接受我方的观点，从而达到说服对方的目的。

我们可以从生活、工作、兴趣爱好以及其他方面寻找和建立共同点，具体方法如下：①从生活方面寻找和建立共同点。例如相似的生活经历和感悟、风俗习惯、信仰等；②从工作方面寻找和建立共同点。例如工作内容的交集，公司具有的相同或者相似的文化、追求和目标等；③从兴趣爱好方面寻找和建立共同点，比如体育、文艺等；④谈判双方都熟知的人或物。

3.谈判要运用经验和事实进行说服

谈判过程中，客观事实和经验教训比空谈大道理更有说服力。优秀的谈判者具有丰富的处理事情和解决问题的经验。直截了当的讲述大道理容易引起对方的反感，说服的效果不强。

4.注意说服用语的措辞

谈判过程中，用词用语要巧妙。谈判者所用的语言一般具有朴实、富有感染力、说服力等特征。巧妙合理的运用语言远比空谈大道理的说服效果强。谈判时，切忌出现"恼火""抱怨""记恨"等词语。谈判时难免会有情绪激动的时候，这时要合理运用担心、焦虑、失落等词语，这样会让对方听着很舒服。在谈判时绝对不能运用威胁或者欺骗等手段。

第三节　语言表述与商务谈判的技巧分析

一、商务谈判沟通的技巧分析

（一）商务谈判沟通的定义

商务谈判沟通的含义要通过了解商务沟通来把握。商务沟通借助相关媒体等渠道来组织各种商业活动，把商业信息传递给相应的受众，然后收到反馈，谋求与商务组织的合作过程，其主要目的是为了保证商业组织的正常运营，为组织的发展创造良好的竞争环境，是谋求长久地发展的一种方式。

那么，商务谈判沟通就是指商务组织的谈判者，为了达到谈判的目的，在谈判过程中与谈判另一方或几方通过一定的手段或形式传达谈判信息、进行信息交流的过程。

（二）商务谈判沟通用的作用与类型划分

1. 商务谈判沟通的作用

商务谈判沟通属于商务组织外部关系的内容。在当今环境日趋复杂、市场情况瞬息万变的情况下，与外界保持良好的沟通，及时捕捉商机并努力避免危机，是商务组织的一项重要任务，也是关系到商务组织兴衰的一项重要工作。商务谈判沟通是商务沟通的一个重要组成部分，商务谈判沟通的作用不但符合商务沟通的普遍规律，而且具有谈判沟通的独特之处。

商务谈判沟通的作用主要表现在以下三个方面。

首先，有利于维护和加强商务组织的良好形象。商务组织在公众心目中的形象，除了源自商务组织有意识的传播外，更多的还是通过与公众的日常交往和大量的商务沟通去建立。

　　其次，有助于调整商务组织的形象。有效的商务谈判沟通都是双向的和互动的信息流动，因此商务组织在与政府、企业、媒体以及消费者的谈判沟通过程中，应当及时了解对方对自己的想法、期望和建议是什么，同时也将自身的经营理念、产品信息和改进措施传达给对方，这种双向互动可以极大地促进商务组织更新市场策略，及时把握市场动态，快速抓住商机，并能及时调整商务组织的形象，从而适应不断变化的市场及环境。

　　最后，为商务组织创造生存与发展的环境。商务组织要想扩大对外经营领域、资源配置领域、信息来源领域等，就必须做好与各方的沟通和协调工作。要做好沟通和协调工作，谈判无疑是最重要的手段。良好的谈判技巧和沟通能力往往可以使商务组织在谈判过程中获得比较宽松、和谐的讨价空间，从而使商务组织能够充分地发挥自身的能力。

　　2. 商务谈判沟通的类型划分

　　按沟通的过程分，可分为谈判前沟通、谈判中沟通、谈判后沟通三种形式。

　　首先是谈判前沟通。谈判前沟通是指谈判双方对谈判的问题、背景、初步观点、认识、价格等在正式谈判前进行有效沟通的活动。谈判前的沟通能够使谈判人员明确谈判的问题和谈判的对手，为接下来进入实质性的谈判奠定基础。

　　其次是谈判中沟通。谈判中沟通是指在正式谈判的过程中，谈判对手之间通过各种方式进行的交流与沟通。

　　最后是谈判后沟通。谈判后沟通是指在正式谈判签订合同后，谈判各方本着友好、合作的精神而进行的理解性、礼节性、服务性的沟通。谈判后沟通的作用是使整个谈判工作善始善终、前后均衡，避免虎头蛇尾，使各方都能比较满意。

　　按沟通的媒介分，可分为语言沟通、非语言沟通两种形式。（前文已做论述，在此不做过多赘述。）

　　按沟通的主动性划分，可分为主动沟通和被动沟通两种形式。

　　第一，主动沟通。主动沟通是指谈判者为了达到一定的谈判目的，以积极主动的态度，与谈判各方就有关问题所进行的交流与沟通，如主动发函、主动提出建议、积极邀请各方磋商等。

第二，被动沟通。被动沟通是指谈判的一方或几方在主动沟通者的影响下被动地与其他的谈判者进行沟通的方式。被动沟通可以是某方采取的一种谈判姿态，也可能是由于形势所迫，不得已而为之，例如，谈判中"拖"的运用、以静制动策略、难以回答时的沉默等都属于被动沟通之法。

（三）商务谈判沟通如何有效进行

1. 商务谈判沟通前的准备

商务谈判的目的是为了解决问题，解决问题的手段主要是沟通，而要想进行有效的沟通就必须提前进行相应的准备，同时自己还需具备一定的条件。

第一，要了解谈判双方关系。商务谈判沟通往往受谈判双方已经存在的关系状态的影响。如果双方以前曾经有过愉快的合作，那么现在的关系就应该是密切的，双方沟通起来会较为容易；如果谈判双方的关系是冰冷的，则必然对沟通不利。

第二，要明确利益问题。如果谈判双方有较多的共同利益，那么看问题的立场、角度就容易取得一致，这是双方进行良好沟通的先决条件。反之，就会使谈判各方难以理解对方所处的立场，沟通的效果欠佳也就在意料之中了。

第三，培养亲和力。在谈判过程中，谈判人员的个人魅力、对对方的语言关爱，以及站在对方的角度考虑问题的谈判风格，都可以产生一种亲和力。亲和力能够使对方的心理得到放松，对有效进行谈判沟通具有重要作用。

第四，发现谈判对象的特点。在谈判之前，谈判人员必须首先了解谈判对象的特点，这样才能制定出相应的谈判策略。谈判对象的特点主要包括谈判对象的资历、地位、谈判风格、谈判经验、谈判团队人员的知识结构及其从业经历等。

第五，设计自己的谈判目的。设计自己的谈判目的是个非常关键的问题。如果对自己的谈判目的没有进行系统的设计，必将影响谈判沟通的效果。具体地说，就是谈判的主要目的与次要目的要明确；谈判目的的组成架构设计要清晰；哪些是必须保留的，哪些是可以砍掉的，哪些是可以交换的，必须一一设计出来。

2. 商务谈判沟通如何提问

当谈判一方希望对方就某个问题自由表述意见时，就可以采用一般式提问形式。此提问形式的特点是不限定答复的范围，使回答者能够畅所欲言。运用一般式提问，发问者易于获悉对方的立场、目的、需求和意图等。通常情况下，对方也比较乐于提供进一步的信息。

当谈判一方希望对方在特定的领域中做出肯定或者否定的回答时，可以采用是非提问技巧。通常在己方的某些观点、意图等需要对方明确表态时，或者问方为了获得某些特定的资料时采用。是非提问的特点是发问明确，只要求对方以"是"或"不是"，"有"或"没有"作答。

当谈判一方有某些特定的需要，并希望对方在表达时做出适当的考虑或给予让步时，便可以采用选择式提问的形式。选择式提问的特点是谈判一方把自己的意志强加于对方，迫使对方在限制的范围内做出选择。这种咄咄逼人的方式如果运用不当很容易使谈判陷入僵局。

当谈判一方希望证实或者要求对方补充原先所做的答复时，就可以采用澄清式提问的形式。澄清式提问一般用于发问方要求对方针对某一观点或先前所做的答复做出更明确、更具体的解释和阐述时。澄清式提问不仅能确保谈判双方在叙述"同一语言"的基础上进行沟通，而且也是一方对对方的话语进行反馈的一种理想方式。

当谈判一方为了获得更深一层的信息时，就可以采用探索式提问的形式。探索式提问用于发问方针对对方的答复，要求对方进行引申述说或举例说明。运用探索式提问形式不仅可以比较充分地挖掘信息，而且还能够引起回答者对所谈问题的重视。

做出结论提问，可以使谈判人员借助问话把话题归于结论，即使用做出结论提问技巧。

当谈判一方需要强调己方观点的合理性，促使对方认同时，就可以采用诱导式提问的形式。诱导式提问是一种对答案带有强烈暗示性的问句，在问句中已经包含了己方的观点，而且问句所暗含的判断常常是双方都认同的道理，可以使对方毫无选择余地地按发问者所设计的问句做出回答。

多层次式提问技巧含有多个主题，使对手难以把握。有时在己方谈判不利时，谈判人员为了获得思考的时间，打乱对手的部署，便可以采用多层次式提问的方式。

当谈判一方为了影响对手的意见，并使其赞同己方的观点时，便可以采用间接式提问的形式。间接式提问主要通过借助第三者的意见来影响对手的意见，所以使用这种提问方式务必慎重。

3. 商务谈判沟通如何陈述

陈述是一种不受对方提出问题的方向及范围限制的主动性阐述。这是商务谈判中传达大量信息、沟通感情、控制谈判进程的一种方法。恰当的陈述，在双方信息的有效传递中所起的重要作用是不言而喻的。谈判人员在陈述中应该遵循以下原则。

第一，用语简明。无论向对方提供书面资料还是回答询问，都要力求用语简明、表述准确。如果对情况不甚了解，应推迟答复，或者实事求是地讲明，万万不可信口开河。在运用专业术语时，应注意因人而异、适度掌握。

第二，主题明确。陈述主题要明确，不要随便发表与主题无关的意见。最好能就所谈问题进行表述。

第三，数据准确。提出的数据要准确，避免使用含混的数字。

第四，重视结束语。每个陈述的结束语应为小总结或结论。做小结语时，应对陈述的内容进行归纳，以便让对手更加明白所表达的意思；还应对陈述的立场及观点予以明确，让对方准确无误地了解自己的态度与观点。

第五，及时纠正错误。在陈述过程中，如果发现有错误要及时纠正，以免造成理解上的误会。

（四）商务谈判沟通的非语言沟通如何控制

在商务谈判沟通的非语言沟通中，要做到控制有度就需要注意下面几点。

1. 非常重要的"第一印象"

在商务谈判活动中，会遇到形形色色的人，但是留给每个人第一印象的机会只有一次，而这个印象往往会牢固地印在对方的脑海中，很久都不会改变。更重要的是，对方还会从第一印象中认定出某种消极的品质，而很可能没有第二次机会来纠正对方的印象失误。

为此，谈判人员要对非语言行为进行控制，就必须从树立良好的第一印象开始。可以通过三个方面树立良好的第一印象：一是树立自信；二是穿出品位；三是体语恰当。

2. 要掌握得当时空距离

任何谈判沟通都是在一定的时间和空间进行的，因此时间和空间也就成为沟通过程中不可分割的组成部分，人们总是自觉地利用时空因素来沟通有关信息。

首先是时间控制。谈判沟通时间的选择、谈判间隔的长短、沟通次数的多少、谈判人员赴会的迟早，往往能够显示出行为主体的品性与态度。

其次是空间控制。如果说人们对时间的利用主要是传达行为主体自身方面的信息，那么，人们对空间的利用则主要显示双方彼此间的关系。

谈判者之间的距离又被称为"界域语"，界域语受本民族文化的影响非常大。谈判人员在与人交往之前，必须了解双方的界域语，以便能恰当地运用有利于沟通的界域手段，让双方都有种安全感和舒适感。

此外，在谈判中，谈判人员座位的选择也很讲究。座位不同，表明的关系也不同，交谈的效果也会不一样。以办公室桌两边的座位为例，如果两人分坐桌子一角的两侧，显得关系友好、交谈气氛亲切，同时还有利于观察对方的体态变化，可以随时调整话题。与客户谈生意，通常会采用这种形式。

如果两人同坐在桌子一边，表明两人的关系比较亲密，或者两人的目标一致、地位相等，交谈气氛会比较融洽，容易达成合作协议。这种形式适用于熟人之间进行的谈判。

二、商务谈判僵局的分析

（一）谈判僵局的定义

所谓的谈判僵局指的是在商务谈判过程中，谈判双方为了各自的利益僵持不下，使得谈判无法继续下去。这种状况多出现在双方有利益冲突的时候，彼此存在分歧，双方都不愿意各退一步，无法达成一致，最终导致谈判无法进行或者终止。

谈判僵局无疑会给双方的合作和谈判带来不良影响，一般情况下，如果陷入了谈判僵局，结果通常有两种情况，一种是谈判终止，这是双方都不愿意的，另一种是双方和解，打破僵局，这对双方都有利。在谈判中，如何快速地分析出僵局出现的原因，并找到合适的办法来解决分歧，使谈判继续进行，是谈判成功的关键点。

（二）谈判僵局产生的原因

谈判中，不论出现哪一种僵局，都有其成因。归纳起来，主要有以下几方面的原因：①偏激的感情色彩；②人员素质参差不齐；③信息沟通有障碍；④软磨硬泡式地拖延；⑤谈判中过分地论述自己的观点，形成一言堂的局面；⑥过分沉默与反应迟钝⑦观点的争执；⑧外部环境发生变化，谈判人员对己方做出的承诺不好食言，但又无意签约，因而故意采取拖延战术，造成僵局。

（三）谈判僵局的处理思路

一旦出现谈判僵局，谈判人员应按以下思路进行处理。

首先，明确自身的目标，在此基础上，积极寻求与对方对话，以期求得对方的理解和支持，并尊重对方的选择。

其次，制定详细的方案，就如何打破目前的僵局作出具体的规划和策略。

再者，找出谈判僵局出现的原因，分析双方出现分歧的关键所在。

最后，僵局产生的背后一定有关键人物的操纵，应找出关键人物。

三、商务谈判应对进攻与威胁的技巧分析

（一）应对进攻

成功的谈判，了解对手的情况是一种必需的准备，谈判人员只有在这种准备的基础上，才能选择应用具体而有效的谈判方式，反击对手，从而使自己立于不败之地。了解对手，最根本的是要摸清其属于哪一种类型、善于采用哪种进攻手段，这样，己方才能在谈判桌上采用行之有效的手段和方法，一击而中。

1. 商务谈判进攻者的类型

商务谈判会遇到不同类型的谈判对手。

一是强硬型谈判对手。这种对手的情绪往往表现得十分激烈，态度强硬，在谈判中趾高气扬，不习惯也没耐心去听对方的解释，总是按着自己的思路考虑问题，认为自己的条件已经够好的了；喜欢在谈判中虚张声势，动不动就威胁、恐吓对手；总是咄咄逼人，不肯轻易示弱。

二是攻击型谈判对手。这种对手往往有目的、有针对性地向对方发起进攻，以此来迫使对方屈服，甚至不给对方反抗的余地。

三是搭档型谈判对手。这种对手是最需要警惕的，容易让人无法捉摸，因起处在暗处，并不直接露面。例如，在初期谈判阶段，对方派出的谈判者通常都是普通员工，并不是主要负责人，等到谈判最后阶段，负责人可能会出面干预，以主要负责人或专业人员的身份推翻之前的谈判协定，出现这种情况，一般是一方的利益受损，之前谈好的内容对自己不利，或者时间上无法保证。但是这种干预不会使谈判终止，因为一方往往会软硬兼施，迫使另一方做出一定的让步，这个时候，对方很有可能会同意，因为谈判已接近末尾，快要达成协议，此时停止不明智，而且双方可能就只有某一方面有争议，只要不触碰到底线，对方一般都会作出相应的让步。

四是逼迫型谈判者。这种谈判对手往往比较强硬，要小心应付。他们经常在谈判中表现出一种绝不退让、雷厉风行的气势，希望通过这种威逼，来迫使对方接受己方提出的条件。可能会提出一定的期限威胁对方，这种方式虽然比较苛刻，但是在某些情况下很适用。

五是圈套型谈判对手。顾名思义，这种对手喜欢在谈判中给人设置圈套，并展示自己。他们设置圈套的方式多种多样，比如通过话语，在交谈中设置圈套，或者通过阐述事实或某些小动作来设置圈套，还有的将整个谈判设为一个大圈套。在谈判中要小心这类对手，一旦放松警惕，就会落入其设置的圈套中。

2. 商务谈判不同进攻者应对的不同手段

应对不同类型的谈判对手要运用不同的进攻技巧，谈判中常用的应对进攻的技巧以下。

第一，对付强硬型谈判对手的技巧。应该有目的、有计划地对对方进行反击。不过，在进行反击之前，谈判人员最好先了解一下对手的情况。

第二，对付攻击型谈判对手的技巧。攻击型谈判对手往往以表面的气势汹汹来掩盖其理由的不足，往往想用气势压倒对方。对付这类人，谈判人员必须注意的一点就是切莫惊慌、自乱阵脚。同时，也不要过于愤怒，使自己失去分寸。因为无论是自乱阵脚还是失去分寸，都会给对方以可乘之机，同时也会使己方受到一定程度的损害。

攻击型的对手表面上看的确有点令人畏惧，而击败的关键是要找到其要害，也就是理由不足之处。掌握了这一点，便可以用对付强硬派的手法来进行对付。

第三，对付搭档型谈判对手的技巧。和这种谈判对手进行谈判，一定要小心谨慎。在谈判之初，必须了解对手是否有权在协议书上签字。如果对方表示决定权在上司那里，那么，就应该坚决拒绝谈判。此外，既然对手派来的是下层人员来谈判，不妨如法炮制，也派下属人员去谈判或者由别人代替去谈判，等到快要达成协议时，再直接与对方掌权的人谈判。这样，就能获得较大的转换空间，不至于到关键时刻被对手牵制。

第四，对付逼迫型谈判对手的技巧。对于对手的竞争式逼迫，首先应该分析自己的优劣，并与竞争对手的优劣进行比较。如果确信自己具有优势，就应该坚持自己的原则立场，不为对方的逼迫所动，这样就可以多获利或少受损失。

拖延式逼迫与期限式逼迫的区别在于，前者是不给定时间的，而后者是给定时间的，二者的共同点是都用时间来给对方造成压力。对付这种谈判对手，应当从两个方面权衡，再确定应对办法。一方面是如果己方超过这个期限或无限期拖延下去是否会有损失，如果有，损失有多大；另一方面是己方对这份协议的重视程度如何。一般而言，应当认真研究对方设定期限或拖延的动机，还要仔细比较是否能够达成一致，双方的损失，由此判断出对方设立期限或拖延是在制造压力，还是真想终止谈判。

第五，对付圈套型谈判对手的技巧。由于圈套型谈判对手总是设置各种各样的圈套，使人防不胜防，因此一定要以求稳为原则，不可急于求成。

（二）应对威胁

威胁，实际上就是施加压力，这是在谈判中用得最多的战术。因为威胁很容易操作，它比提条件、说服等要容易得多。威胁只要几句话即可，而且不需要兑现，因此许多谈判人员都会自觉或不自觉地使用威胁手段。威胁具有以下特点：威胁是一种谈判战术，而不是一种战略；威胁虽然可以使实施的一方赢得暂时的胜利，但它会打乱整个谈判的进程，甚至会破坏谈判双方的长远关系；威胁实质上是一种让步，当威胁者在向对方施加威胁时，它的真实用意是，假如接受意见，或者停止行动，就会放弃惩罚或者做一定的让步；当威胁无法起作用时，威胁者的可信度就会大大降低；威胁有时会导致对方的反威胁。

1. 威胁的类别划分

在实际谈判中，谈判人员采用的威胁方式、方法很多，大体有以下几个类别。

第一，按威胁的表现划分：①强烈、直接的威胁。这种威胁虽然能够引起对方的关注并且加剧其不安和恐惧，但同时也会使对方产生更加强烈的逆反心理，所以效果反而比较差；②中间型的威胁。这种威胁是介于强烈与轻微、直接与间接之间的一种类型；③轻微、间接的威胁。

通过心理实验发现，在上述三种威胁方式中，第三种即"轻微、间接的威胁"的效果最明显。

第二，按威胁的方式划分：①语言威胁。也就是直接运用语言威胁对方；②行动威胁。这是一种直接向对方显示自己力量的威胁方式；③人身攻击。它的第一种表现是，愤怒的一方面红耳赤，大肆指责谩骂另一方，有的人还可能拍桌子、高声叫喊。这种做法的目的就是试图通过激烈的对抗方式向对方施加压力，迫使对方屈服。第二种表现是，一方寻找各种讽刺挖苦的语言嘲笑对方、羞辱对方，从而使对方陷入尴尬难堪的境地，借此出心头之气，或激怒对方做出让步。这种手段有时可能达到目的，但更多的情况还是把对方推到了自己的对立面，使谈判变得更加困难。第三种表现是，一方采用或明或暗的方式，使另一方产生身体上、心理上的不适感，另一方为了消除这种不适而向对手屈服。实践证明，大多数人对此会感到不舒服，却又无法提出。

第三，按威胁的性质划分：①经济的威胁。如果协议没有达成，就会增加单方或双方的成本，还会减少单方或双方的利润；②法律的威胁。如果协议没有达成，就要运用制裁或法律禁令来阻止对方采取行动或拖延谈判进程；③感情的威胁。如果对方不做出让步，就会使对方从情感上感到愧疚，或者会影响双方的感情和友谊；④政治的威胁。如果对方不做出让步，就会影响双边的政治关系；⑤暴力的威胁。如果谈判破裂，就要直接运用暴力迫使对方就范。

2. **对付威胁的技巧方法**

在谈判中，对付威胁常用的技巧主要有以下五种。

第一，无视威胁，对其不予理睬。

第二，告诉对方不能在威胁下进行谈判，己方只有对方能够证明接受这样的条件能给己方带来好处时才可能做出让步。同时，还要看有无其他的选择。

第三，佯装不知道这回事，或者将对方的威胁看成是开玩笑，表示对其不予关心。

第四，向对方表示威胁对己方毫无损害，同时指出对方施加威胁自身也是有风险的。

第五，以威胁反击，同时警告对方，如果双方谈不妥，局面会更加难堪。

四、网络商务谈判的应对技巧

（一）网络商务谈判的定义及特征

网络商务谈判是借助于互联网进行协商与对话的一种特殊的书面谈判。这种谈判方式为买卖双方的沟通提供了丰富的信息和低廉的沟通成本，所以具有强大的吸引力，也是社会发展的必然。

1. **加强了信息交流，改善了服务质量**

过去，一封商务谈判函件要几天才能收到，而且有可能迟到、遗失，如今通过网络传递信函，在几秒钟之内就可完成，而且保证送到对方手上。相比于传统的谈判方式，网络谈判具有快速、沟通范围广、内容全面等优点，而且出现问题还可以回头审查，使谈判双方及时了解对方的最新消息，还有利于拓展海外市场，打破地域的限制。此外，网络谈判也没有时间的限制，在任何时间都可以和客户直接进行交流，因此可以在很大程度上改善与客户的关系。

2．既降低了成本，又有利于慎重决策

网络谈判还可以节省人力，不需要亲自去谈判现场，只需要在网络上传递文件、搜集对方的信息，从中挑选合适的即可，也节省了一大批费用，比如人员开销、出差费等，降低了谈判的成本。而且不需要当面立刻做出回应，可以有更多的思考和决策时间。

网络谈判所有的文件内容都是通过网络传递，特别是很多重要的信息必须提前说明这就给谈判的双方充足的时间考虑对方提出的条件和企业希望达到的目标，对于对方提出的条件，不必立即做出答复，可以和企业内部人员商讨之后再进行决策，还可以广泛搜集信息，向专业人员进行请教等，有利于双方作出最合适的选择。

3．提高了谈判效率，增强了企业的竞争力

进行网络谈判，谈判双方不需要见面，所有交流只需在网上进行，双方有自己的立场，交流中省去了很多现实交往的麻烦，比如，不需要去了解对方的性格特点、态度、做事风格、身份等，只要对方条件合适即可。不需要前期进行大量的准备对某公司有大致的了解，在网络上，所有的公司都变成了一个网站，处于同样的竞争地位，这使得不同实力的企业都能获得平等竞争的机会，提高中小企业的竞争力。

当然，网络谈判也有自身的弊端，这主要表现在：一是商务信息公开化，容易导致竞争对手的加入；二是互联网的故障、病毒等会在一定程度上影响商务谈判的开展。

（二）　网络商务谈判的流程步骤

中国商品交易中心的网络谈判流程，基本上可以分为以下八个步骤。

第一，在网络上查询合同的内容，会显示有关合同状态的说明，还有双方在签约过程中需要注意的方面。

第二，接着进入合同的正文，首先要填写时间和地点。

第三，填写合同内容。双方可以查询对方合同上提出的条件，修改某些数据和条件，如果和自己预估的情况有所出入或者觉得不合理，可以自行作出修改，然后确认保存即可。

第四，一方可以根据另一方提出的条件和信息，填写发盘有效期，然后确认保存。信息保存成功以后，会再次提醒确认，确认以后就可以发送给对方。合同草案就初步完成了。

第五，对方在接收草案前，要先在网上进行注册，设置密码，然后进入合同，接着会显示合同的状态，可以进行选择，然后查看。

第六，根据对方合同提出的条件，如果认为不符合自身利益，可以自行进行修改，然后确认保存。

第七，修改以后的合同先保存，然后确认，就可以返回给对方。对方在查询时，就可以收到最新的更新信息，查看对方合同的内容。

第八，查看以后，如果对合同内容不满意，可以再次进行修改，修改完以后保存确认，发给对方，对方如果觉得没有问题，就可以签约了。一旦签约，则双方不可再进行修改。

第四节　现代商务谈判中语言的实践应用

如果想要全程对谈判流程进行把控，需要从多方面进行着手。例如掌握各阶段流程的具体内容、谈判中需用到的语言以及特殊情况应对措施等。主要有以下三个阶段：开局阶段、磋商阶段、达成协议阶段。

一、谈判开局阶段的语言应用

开局阶段主要用于谈判前双方的寒暄、相互介绍等，用于对之后的谈判内容进行热场，在这个过程中，双方会进行试探，快速了解并掌握对方的话语习惯。开局阶段双方状态的好坏表现，在一定程度上影响着谈判过程中的人员心态，并具有非常重要的作用。

（一）良好气氛的营造

谈判气氛是对手之间的相互态度，它能够影响谈判人员的心理、情绪和感觉，从而引起相应的反应。任何谈判都是在一定的气氛中进行的，而且谈判气氛伴随着谈判的始终。因此，营造一个轻松、和谐的谈判气氛，并利用谈判气氛有效地促进谈判结果朝着有利于自己的方向发展，这是至关重要的。为了营造一个合作的良好气氛，谈判人员应该把握以下四个方面的技巧。

首先，模拟谈判内容。例如在谈判中可能会遇到的对手类型、会用到的谈判方法、应对特殊情况技巧等，在不断演练中寻求进步，提高谈判应对能力。

第二，站在对方角度引出话题，双方进行交谈，营造出轻松舒适的氛围，良好的心态可以使谈判进行的更加顺利。聊天内容可以选取曾有过的生活经历、参观过的地方，关注的社交新闻、文学表演、体育活动等，从一个话题上引发出多个话题圈。还可以从娱乐、身体状况、饮食习惯等个人角度与对方展开话题，例如女士间可以讨论口红色号，从细微共同之处增进情感。

第三，保持合适的行为举止。在谈判前应了解对方的背景与习俗，尊重各地区的各异性。表达出自身的热情但又不能缺乏礼貌。

第四种，向对方传达出自信与友善的信号。不仅可以从行为上表现出自身态度的友善，还能从语言、眼神中传达出自身的态度。但友善不是示弱，应把握好自身的分寸。

（二）精妙的开场陈述

除了在开局阶段创造一个有利于谈判的氛围外，还需要设计好开场陈述内容。即双方对谈判内容，表达自己的想法。通常包括发言的内容、发言的方式、给对方建议的反应以及倡议四个方面。

第一，陈述的内容。所谓陈述内容是指洽谈双方各自的观点和立场。每一方都要独立地把自己的观点做一个全面的陈述，并且要给对方以充分搞清己方意图的机会，然后听取对方的全面陈述，并弄清对方的意图。在陈述自己的观点时，要采取横向铺开的方法，而不是深谈某一个问题。开场陈述的内容通常包括：①己方对问题的理解，即认为这次会谈应涉及的问题；②己方的利益，即己方希望通过洽谈取得的利益；③己方的首要利益，阐明哪些方面来讲是至关重要的；④己方可向对方作出的让步和商谈事项，己方将采取何种方式为双方共同获得利益做出贡献；⑤己方的立场，包括双方以前合作的结果，己方在对方心中所享有的信誉，今后双方合作中可能出现的好机会或障碍。

第二，建议方式。在提出建议时，应使用得体的语言进行交流，保持冷静，减少出现负面情绪的可能。明确谈判的目的，并获取对方的支持，而不是树立新的敌人。

第三，理解对方。在对方表达观点时，要保持倾听的态度。在对方表达完后再开口，即使有相反的意见，也要保持礼貌，不能打断。并站在对方角度考虑问题。

第四，倡议。双方在谈判之后要制作一份倡议书，明确协商好的内容，提出解决问题的想法和选择，使谈判行为有据可依。

二、谈判磋商阶段的语言应用

谈判开始到结束之前的过程都是磋商阶段。一方面是双方的硬实力、反应力、语言技术的面对面交锋。另一方面也是双方的合作机遇，即互相成全、求同存异的过程。磋商阶段具有报价，讲价，还价，双方观望四个方面。

（一）商务谈判磋商阶段的报价

交易谈判的报价是不可逾越的阶段，只有在报价的基础上，双方才能进行讨价还价。这里的报价不仅仅是指商品的价格，而是泛指谈判一方向谈判对方提出的所有要求，包括商品的质量、数量、价格、包装、运输、保险、支付、商检、索赔、仲裁等各项交易条件，其中价格条款最为显著、地位最为重要。

1. 先后报价的利弊分析与技巧

在商务谈判中，总会产生先进行报价的一方。先报价的一方，可以对谈判内容设置一定的价格区间，表达出自身所满意的价格与结果。后报价的一方，可以根据前者提出的价格，修改并及时调整自身的价格及方案，在一定程度上提高自身成功的几率。

报价的先后取决于自身的具体情况。如果准备较为充足，并具有一定的优势，则可以选择先报价。如果成功的几率较小，则可以先进行观望，依据对方的情况及时进行修改。

2. 报价遵循的原则

买卖双方都希望最后的报价能够满足自身的要求，即会出现卖家价走高，买家价走低的情况。但最后价格的确定，应遵循市场供求、竞争等多方面影响。因此，双方在进行报价时，应从对方考虑可能会接受的可能性，使双方利益最大化。

具体来说，报价应遵守以下几个原则：第一，对卖方来讲，开盘价必须是"最高的"。相应地，对买方而言，开盘价必须是"最低的"。这是报价的首要原则。

第二，合理的开盘价格。一般情况下，开盘价格都会稍高一些，但不能不合理。如果价格过高，对方会认为缺乏诚意从而取消谈判资格。或者一味地压价，会让对方觉得还能够将价格再降低，从而影响谈判情绪。

第三，在进行报价时，应干净利落，给对方一个真诚而可靠的印象。不能表现出犹豫情绪，使对方有机可乘。

当然，对于合作伙伴，要想维护住双方长期的合作关系，应稳妥进行报价，不能过高使对方感觉缺乏诚意。如有较多竞争对手，则应依据自身情况并结合现场价格提出最合理报价。

3. 报价遵循的报价策略

双方只有在报价的基础上才能进行讨价还价。报价之所以重要，就是因为报价对讨价还价乃至整个谈判结果产生着实质性的影响。基于这一点，把报价作为策略来研究。

第一，吊筑高台。卖方提出高于实际情况的谈判价格，与对手打价格游击战，最后在合理的价格范围内达成协议。

卖方在报价时，首先提出留有较大虚头的价格，然后根据谈判双方的实力对比和该项交易的外部竞争状况，通过给予各种优惠，如数量折扣、价格折扣、佣金和支付条件等方面的优惠，来逐步接近买方的条件，建立起共同的立场，最终达到成交的目的。这种方式与前面提到的有关报价原则是一致的，只要能稳住买方，使之就各项条件与卖方进行磋商，最后的结果往往对卖方是比较有利的。吊筑高台普遍为欧洲国家厂商所采用，所以这种策略也叫欧式报价。

第二是抛放低球。先提出低于方理想价格的报价，以低价吸引对方，用低报价打败竞争者，在后期与买方的谈判中讨价还价慢慢达到我方理想价格，在谈判的较量中迫使买方同意。误导对手在看到低报价之后使其放弃竞争，减少竞争；当其他卖家放弃之后，买家没有了选择优势，从一对多变成了一对一，双方谁也不占优势，这对于我方谈判来说是十分有利，从而在谈判中一点一点逼迫买家，达成我方的理想价格。

第三，除法报价法。通过此方法，可以使买家在购买时产生便宜、一定要买的想法，基数价格大的产品通过除法运算，使价格被分解为基数很小的价格。例如一个口红３０元，可以用一年，除以３６天，则每天只花费几毛钱，从而让买家心动。

（二）商务谈判磋商阶段的讨价还价

讨价还价是整个谈判过程的高潮阶段，一旦一方出示价格后双方就会针对此价格展开激烈较量。此时也是双方展现智慧和语言技巧的关键时刻，因此双方都需对此进行重视。

1. 讨价阶段

讨价指谈判中的一方首先报价之后，另一方认为离自己的期望目标太远，而要求报价方改善报价的行为。这种讨价要求既是实质性的也是策略性的。其策略性作用是误导对方对己方的判断，改变对方的期望值，并对己方的还价做准备。

讨价的方式有以下几种：首先要全面讨价，即对总体价格和条件的各个方面要求重新报价。它常常用于评论之后的第一次要价，或者较复杂交易的第一次要价。正式磋商阶段开始，双方一般从总体的角度去压价，笼统地提要求，不露己方掌握的准确材料。

其次是针对具体价格展开讨论，也就是要求对方重新进行报价。即在对方第一次进行报价以后再次要求对方出示价格。例如对价格比较透明、内容不复杂的报价，在讨论后即可进行目的性很强的论价。第一次讨论价格后再次进行谈论价格时要有针对性和准确性，而不是将己方的底线全部展示出来。在实际进行谈论价格时，可以根据具体内容分成几个类别。如大宗设备可以分为技术资料和设备及其备件等。也可以按照所报每种具体设备及其备件的价格进行分类。分类主要体现具体细致性，也就是对具体设备进行议价。在实际操作中可以根据价格总量进行分类。

在实际运用过程中，可以分阶段讨论价格，也可以综合使用以上两种方式。分阶段式方法可以分为三个过程，①由于刚开始接触，双方对价格没有清晰了解，这个时候只能要求对方全面调整价格。②这个阶段是在前期相互了解的基础上进行的，具有针对性和目标性，即根据对方报价挤出水分，努力寻求真实价格。③此阶段为最后论价时刻，既带有明确的目的性也有很强的针对性，要求对方接近真实报价，最终达成协议。

讨价还价的过程也是诚意和态度展现的过程，要本着对事不对人的原则展开讨论。在具体操作过程中可以采用循序渐进、诱导的方式使对方降低价格，同时做好己方心理价格准备。尽量使用合适的方式讨论价格避免节外生枝，从而产生不利结果。所以在谈判的前两个阶段中要保持和谐的气氛，在双方信赖的基础上，取得谈判的成功。在报价过程中，报价方或许会自找理由降低价格，对这种现象不要细究。只要达成自己目的即可。

在讨论价格的过程中要注意两个问题，①如果第一次谈论价格就得到对方降低价格的回应，极有可能价格里面水分较多，需要再次进行谈判。②在得到对方第二次价格调整后要关注调整的实质性，如果只是泛泛而谈避重就虚，那就要坚持继续谈论价格。在实际讨论过程中要摸清对方实力、决心和谈判权限，针对具体特点实施相应策略以改变对方过高的期望。

2. 还价阶段

所谓还价，是指谈判一方根据对方的报价和自己的谈判目标，主动或应对方要求提出自己的价格条件。如果说报价划定了讨价还价范围的一个边界的话，那么，还价将划定与其对立的另一条边界，双方将在这两条边界所规定的界区内展开激烈的讨价还价。还价的目的不是仅仅为了提供与对方报价的差异，并愿意向双方互利性的协议靠拢。

还价要遵循一些基本原则。第一，做好还价前的各项准备工作。还价不是一种简单的压低价格的行为。它必须建立在市场调查与"货比三家"的基础之上。如掌握标的物（交易物）市场供应和价格状况及发展趋势、标的物质量等各项技术指标、世行竞争情况等，以确保还价具有一定的科学依据。

第二，清楚对方报价的实质含义。在收到对方报价后一般不要要求对方解释此价格，而是要明确此价格的实质意义，在了解报价基本概况后再进行分析总结，，以显示报价的严肃性和准确性。

第三，始终记住自己的目标价格。价格讨论的过程是非常复杂的，有时需要反反复复进行讨价还价，此时要明白自己心中底线离谈论的价格的差距。还价者要始终清楚自己的底线，同时也要知道对方要降低多少才能达到自己的预期。只有做到心中有数并快速反应才能达到期望的目标。

第四，各因素相互结合，共同讨论价格。孤立谈价是明智的，将与价格相关的因素，如服务、技术、资料等结合起来才能使谈判更富有意义。并将这些条件作为讨价还价的依据，避免出现只谈价格而陷入困难的局面。

第五，价格谈判要控制在一定范围内，不能过宽也不能过窄。范围过于宽松容易让对方无所适从，自己也处于不利地位。范围过窄容易让对方感觉没有谈判诚意，可能会放弃谈判。

第六，统一思想形成合力。谈判需要智慧策略也需要技术，如果团队内部没有协调一致、相互之间主张不一，就会出现前后矛盾的状况从而不利于内部和谐和达成协议。所以谈判前尤其是讨价还价时一定要事先协调一致，定位各角色使价格达到预期要求。

在价格谈判中可以采取不同方式达到自己利益需求。

首先寻求还价的根据。价格谈判的依据一般有两种方式：按照分析比价还价、按照成本还价。前者一般是指对产品价值不了解，以该产品相似的产品作为比较对象从而进行讨价还价，这种方式论价要注意两种产品之间应具有可比性，论价的依据要科学、合理、充分。后者是指对产品比较了解，能够根据原材料计算出产品成本以及毛利率，从而得出利润，在此基础上进行讨价还价更具有说服力。使用这种方式计算要准确做到并有理有据进行谈判。

其次按照项目还价。这种还价方式具有以下三种：单项还价和分组还价以及总体还价。

单项还价是根据产品的最基本单元进行议价，例如对一套组合设备可以按照主机、辅助设备以及相应的部件予以还价。分组还价是指将项目根据报价分为几个子项目，然后针对这些子项目进行一一还价。总体还价是按照项目总价进行议价，如按照一定百分比或折扣率进行还价。

在确定还价方式以后的重点是还价的起点。还价起点就是买方的初次报价，这个报价实际上是对卖方价格的回应，它是谈判者智慧的反应，更关系到己方切身利益。所以在做出还价起点时要注意两点，一是起点必须低，要让对方感觉到压力，影响其心理判断继而寻求妥协。二是还价起点与目标接近。给出还价起点时要考虑目标价位，要与目标价位相接近但不能过低，留有余地让对方接受。总之在确定还价起点时，既要与目标价位相接近又不能太低，否则不利于达成协议。

从量上讲，谈判起点的确定有三个参照因素，即：双方价格差距、标的物的客观成本及还价次数。

双方价格差距。它是指报价方的重新报价与还价方的期望成交之间的差距。从理论上讲，还价起点应在还价方最大预算价之内，这是基本点，但不是唯一点，因为预算价不一定反映交易物的成本。

交易物的客观成本。它通常由两部分构成：消耗成本与营业利润指标。还价方还价的核心问题是能否把握报价人的客观成本在何价位。

还价次数。还价次数取决于谈判双方手中回旋余地的多少和每次让步幅度的大小。如回旋余地大，每次让步幅度小，还价次数自然就多，反之则少。当然，还价次数要视具体情况而定。

3. 讨价还价的方法策略

作为谈判中最活跃、最复杂的阶段，讨价还价有自己的方法可寻。

第一运用"投石问路"策略。投石问路是指谈判者不知对方的虚实，在谈判中利用一些对对方具有吸引力或突发性的课题同对方交谈，或是通过所谓的谣言，或有意泄密等手段，捉摸和探测对方的态度和反应，了解对方情况的战略战术，可以尽可能多地了解对方的打算和意图。

第二利用竞争策略。在一些价格构成比较复杂的商品或大型劳务工程项目谈判中，还价一方为了争取最有力的价格和成交条件，可充分利用或制造对手竞争的局面。例如，采用"货比三家"的技巧，使卖方主动地作出价格解释，证明其报价及交易条件的合理性，这比单一的还价要有力；再如，在工程项目发包中，采用"招标"的方法，使各承包商为了战胜竞争对手，争取中标，除了提高工程质量外，还要尽量压低工程报价。

第三"白脸""黑脸"策略。"白脸""黑脸"策略是指在谈判中以两个人分别扮演"白脸"和"黑脸"的角色，或一个人同时扮演这两种角色，使谈判进退更有节奏。这里的"黑脸"是强硬派，在谈判中态度坚决，咄咄逼人，几乎没有商量的余地，"白脸"则是温和派，拿"黑脸"当武器压对方，与"黑脸"积极配合，尽力撮合双方合作，以致达成于己方有利的协议。

第四战略拖延策略。商务谈判中的拖延战术，形式多样，目的也不尽相同。由于它具有以静制动、少留破绽的特点，成为谈判中常用的一种战术手段。

第五，价格蚕食策略。价格蚕食策略往往被运用在谈判的后期，这个时候双方的业务关系大致已经确定，价格蚕食策略往往使已经同买主达成的交易锦上添花，另外也可以用它来实现在价格谈判中没有完成的一些利益要求。这个策略的核心思想就是在价格谈判中尽可能多地追加一些利益，或者是请求再完成其他对己方有利的交易，从而达到削弱对方要价的目的。所以，在谈判中先让对方的要求通过，然后再回过头来追加要求。高手总会考虑进行蚕食的可能，会巧妙地抓住对方压力有所缓解、且因谈判将要成功而大舒一口气的机会，蚕食对方。

第六，最后出价策略。这种出价方式是在一方报出最低价位，并告知对方没有商量余地，要么成交要么不合作。

在谈判中要慎重使用这种方式，因为它不具有回旋空间，容易造成对抗情绪，不利于谈判的进行。一把情况下，双方都不愿意看到这种局面出现，因为竞争激烈任何一方都有可能被取代，因此在使用这种还价方式前，要考虑到相应的时机和后果。在使用这一方式时要注意以下几点内容，①要考虑谈判的环境。最后出价策略的使用需要有一定的情境，而不是谈判到了最后阶段就一定要使用的策略；②要灵活使用。最后出价策略也可以非常灵活的运用，而不是必须规定一个不可变化的底线；③需要掌握谈判时机，要在关键时刻给出最后价格。如果真的让对方知道有个期限，那么，一般来说对方会使用拖延战术使己方处于不利地位。如果发现对方很希望做成这笔生意，那不妨使用最后出价策略，配合使用最后通牒策略，给对方一个最后期限；④出奇制胜。最后出价策略的使用可以在出乎对方意料之外的时机提出，而且也要让这个最后的价格出乎对方的意料之外，让对方措手不及，使最后出价策略发挥最大的作用。

（三）商务谈判磋商阶段的谈判僵局

1. 商务谈判僵局的处理原则

一般来讲有三种处理谈判僵局的原则。

第一，面对僵局出言要谨慎、中肯，态度要平和、冷静。谈判中为达到自己目的会提出很多不同意见，而这些不同意见大多数是不合理的。要正确对待这些不同意见，以平和、冷静的态度进行处理，既不要过多解释也不要置之不理，更不可采取过激的口气和针锋相对的观点进行反驳。这样既不会伤害对方自尊心也减轻了对方心理压力，同时也能探出对方的真实意图，有利于己方做出对应策略，并将对方不合理意见予以反馈赢得战机。

第二，谈判是智慧的交锋也是情感的沟通，不能将谈判变成没有素质的争吵。要意识到谈判中出现不同意见是很正常的，谈判进行到一定阶段时都会将真实意图表示出来，有时言语中出现一些激动现象是难以避免的，但是不要出现情绪上的尖锐对立。所以谈判者要注重自身素质建设，不能出现言论过激甚至争吵的情况，谈判语言要有艺术性，以平和的态度委婉的表达己方观点。在谈判中也要察言观色，一旦发现对方过激情绪要分析原因并因势利导，以得体的方式处理纷争从而达成一致意见。

第三，照顾彼此利益最终达成协议。谈判中由于各自考虑己方利益有时会出现尖锐对立的局面，并且双方都有充分理由但又无法说服对方致使谈判出现停滞。此时应冷静、认真分析、理性对待分歧，从而找出利益平衡点，达成合作方案。双方也应着眼于长远利益，考虑对方感受力求长期合作，这样才能使谈判顺利进行。

2. 商务谈判僵局的处理方法与策略

当谈判陷入僵局时，可以使用以下方法进行解决：一是设身处地地为对方着想，站在对方立场上进行说服。说服对方，需要具有充足的理由并让对方认同。但是，在商务谈判中，要想说服对方却并不这么容易。因此，为使对方被说服，不仅需要充足的理由以及现实依据，还需要在一定程度上满足对方需求。所以说，要想打破谈判僵局，需要为对方着想，站在其立场上将理由以及现实讲清楚，使对手产生改变原有意见的想法。

二是恰到好处的幽默。在商务谈判处于较沉闷的氛围时，恰到好处的幽默可以让谈判人员为之一笑，振奋其精神的同时还可以调节紧张的气氛，从而打破谈判时的沉闷氛围。可以说，幽默是在紧张谈判中的一剂良药。良好的运用幽默，谈判气氛会从紧张转为轻松，从压抑转为活跃，从而使谈判双方的谈判兴致提高；良好的运用幽默，有利于推动谈判双方关系的缓和，促进合作感情；良好的运用幽默，可以缓解对方的尴尬情绪，使其自然地接受我方观点；良好的运用幽默，更可以加强对方对己方的认同感，为长久合作奠定基础。

三是及时离开。在谈判出现僵局时，出其不意的离开也是一种策略。出其不意的离开会使对方诧异，随之而来的则是一种沮丧情绪，会让对方认为未来难以预测。比如，当谈判双方正对主要问题进行争论，谈判双方谁也不肯让步，僵持不下时，对方出乎预料的离开。这一行为会直接导致己方的内心不安，这时，己方也会对目前状态进行分析：对方离开的原因是什么？是否会使谈判关系瓦解？

如果谈判关系瓦解，己方又是否需要主动和解以求恢复谈判关系？等等。当对方忽然离开，己方会对自身进行反思，对谈判问题进行斟酌，反之同样。所以说，这种办法会使对手产生不安，有利于局面稳定以及缓和氛围。在一般情况下，和卖方相比，买方比较容易回避对方，卖方可能会因为不愿终止生意合作等原因不敢回避。同时，被回避的谈判方一般会寻找其他途径进行重新谈判。

四是懂得示弱。示弱不仅是一种智慧，也是打破僵局的途径之一。看起来果断、博学、能干的人并不一定就能在商务谈判中获得胜利，反而是一些看起来不那么聪明、愚笨的人可能才是真的胜利者。这些人正是在谈判中运用了示弱的方法，以换取对方进行让步。

（四）商务谈判磋商阶段的让步

谈判本身是一个理智的取舍过程。如果没有失，也就不能取。一个高明的谈判者除了知道何时该抓住利益外，还要知道何时放弃利益。任何谈判都不是一锤定音的，不论是对买方还是卖方而言，让步都是达成有效协议所不得不采取的步骤，但是怎样让步就有很大的学问了。如何才能达到退一步、进两步的良好效果？如何才能以很小的让步换得对方更大的让步而且让对方心甘情愿的承受？如何有效地运用好让步这根杠杆，就是这里所要讨论的让步的原则与策略技巧。

1. 商务谈判磋商的让步原则

让步虽然有利于在谈判中谋得利益，但它也有必不必要、恰不恰当的分别。一次成功的让步表现在以下方面：一是改善谈判气氛。当谈判处于僵持的情况中，谈判的气氛就会变得沉闷，协商氛围淡薄，难以实现以谈判来满足双方利益的需求。在这时，就需要让步来发挥作用，改善谈判氛围，使其重新处于协商环境下，方便对问题的交流，促使谈判正常运行。当然，让步的发生必须处于坚持己方利益的前提条件下，它是谈判和谐气氛的保障，对于谈判的成功具有促进作用。

二是让步需要依据总战略而进行。谈判中的突发状况可能会将之前制定好的让步战略打乱。但是，尽管让步战略变化，它的具体变化也一定要根据当前形势，选取当前最恰当的让步战略。在此次让步战略变化之后，不能使总体的谈判造成损失，以至于得不偿失。所以说，让步不能相悖于谈判总策略，必须依据总战略进行。能为总战略引导道路、扫除障碍的让步才是有效的让步，不能仅仅因为谈判气氛进行让步以至于出现危害大局的现象。

三是不能损害长远利益。让步是以实现总体的利益为目的的有偿付出，而不是单纯的无偿付出。当让步对长远利益造成了损害时，那么无论它带来的一时之利多么丰厚，它也是失败的让步。

四是获取对等的利益是让步的前提。利益交换是谈判的核心内容，对于每个谈判方来说，都希望以微不足道的让步换得盆满钵盈的利益。其实，在实际谈判中，并不存在利益的绝对均等，但是也不会相差太大。不让谈判一方获取全部利益，不让另一方失去全部利益是对成功谈判活动的必然要求。所以说，判断让步是否成功，也要看它是否赢取了同等利益。当让步未获得利益时，就可以认为此次让步是失败的。

2. 商务谈判磋商的让步策略

谈判中的让步要对对方是否获得利益满足进行充分考虑，不能仅以谋得己方最大利益为目的。在相异的利益问题上应由不同的谈判方为对方让步，以促成谈判最终目标。让步具有三种不同的策略：一是互利互惠。通过在某一问题上己方的让步来换得在另一问题上对方的让步；二是予远利谋近惠。通过己方让步未来利益以换得对方让步近期利益；三是己方丝毫无损，即己方不需让步而获得对方的让步。

在商务谈判的让步策略中，最常见的是互利互惠的让步策略。

在谈判中，当一方进行了让步时，必然希望对方会对此提供补偿，以获取自身利益。但是，让步后是否可以获取谈判对方在另一问题上的让步，取决于他们之间的谈判方式。

一种是横向谈判，它将议题横向铺开并联结在一起，几个议题同时展开、讨论以及推进，便利谈判双方在让步上的利益互换；二是纵向谈判，先对某一问题进行深入的讨论并解决，但是谈判双方往往会就某一问题争论不休，最后促使谈判单方进行让步。这种让步策略要求谈判人员顾全大局，思路开阔。在坚持己方利益底线的前提下，不拘泥于一个问题，而应统筹全局，理清其中的利弊，思路灵活，使己方在这一问题上的让步可以获取其他问题的利益。

为了实现这一策略，谈判人员可以使用两种技巧：第一，当面对某一问题我方进行让步时，也应告知对方：这一问题的让步违反了公司领导的意愿。所以也希望在我方做出此次让步之后，贵方也可以在其他问题上付出相应的回报，这样面对领导也好交代。第二，将己方让步和对方让步相联系，说明己方可以在这一问题上进行让步，但是希望对方也可以在我方要求的问题上让步。但是，第二种的表达方式比较生硬，相比于第一种，第二种不易成功。

不仅是互利互惠这一种策略，常见的让步策略还有予远利谋近惠的方式。

参加商务谈判的谈判各方具有的愿望以及需求不同，对谈判协议达成时间的要求也不同。有的谈判人员希望可以马上使协议达成，有的谈判人员却并不急于达成协议。所以，谈判者也具有两种不同的满足形式，一种是满足于当前的谈判交易，另一种则是满足于未来的谈判交易。对满足未来的谈判人员来说，可以给予其远利而防止现实利益的让步。例如，在谈判中如果对方希望己方让步时，己方可以侧面告知对方，如果己方在此问题上让步，那么可能会影响到谈判双方的合作友谊，难以进行长久合作。但是，只有当我们之间长久合作时，己方才可以带给对方源源不断的利益，使对方意识到当前我方的让步虽然可以带给其一时之利，但是如果我方不让步则可以带给他们更多的未来收益。如果谈判对方比较精明，是会放弃近惠的。而对于己方来说，也并未付出什么，却可以获得近惠。

还有就是丝毫无损让步策略。这种策略是指在谈判中如果对方希望己方让步，且能提供充分的理由，，己方可以采取以下手段进行处理：第一，专注听取对方理由；第二，委婉向对方表示不接受让步。如：己方可以理解您的这一要求，并且认为您的条件合理。但是目前由于己方原因，不能满足您的需求。但是我们可以保证，在这个问题上我们给您的优惠绝对优于其他客户，希望您可以谅解。在一些原则性不强的问题上，对方谈判人员一般会放弃对己方的让步需求。在这一策略中，己方通过对对方要求的充分肯定，迎合了对方谈判人员被人尊重的心理；同时，对对方待遇的保障又使这种心理效果进一步被强化。这两种手段在一定程度上提高了谈判人员在谈判过程中的愉悦感，从而促使谈判达成丝毫无损的结果。

三、谈判达成阶段的语言应用

当谈判双方的交易条件基本达成一致，各自利益也基本确立，即将进行协议签署时的这一阶段，可以称之为成交阶段。在商务谈判中，谈判人员的努力都是为了促成谈判协议。虽然在成交阶段中，谈判双方意见已经基本一致，但是一些主客观因素还是会阻碍谈判进程的发展。所以，谈判人员应以灵活有效的策略引导谈判协议的达成。

第五章 商务谈判的思维与语言沟通问题分析

第一节 商务谈判的思维方式探索

一、思维的概念、特征、分类

（一）思维的概念

所谓思维，是指人脑对客观现实的概括的、间接的反映，是揭示事物的本质特征的理性认识过程，是人认识活动发展的高级阶段。简单地说，就是人们认识事物、分析事物的行为与过程。思维是人类特有的一种精神活动，是从社会实践中产生的。人类任何活动都离不开思维，人类的任何成就都是科学思维的结果。可以说，人类没有了思维，也就没有一切。

商务谈判是一项既紧张激烈又复杂多变的活动，人类的思维艺术在这里得到了充分的展示。对谈判的双方来讲，在既定的客观条件下，如何正确地分析、判断对方的谈判实力、谈判策略和谈判心理，以及在谈判中提出的每一项建议和要求，如何充分地调动本方的有利因素，争取谈判优势，都有赖于谈判者的科学、正确的思维。一切商务谈判的成功，首先是思维的成功。①

（二）思维的特征

思维的特点包括以下六个方面。

1. **思维的客观性**

作为人类思维对象的事物是客观存在的。不仅如此，人类思维还直接或间接

---

① 冯光明，冯靖雯，余峰. 商务谈判：理论、实务与技巧[M.]北京：清华大学出版社，２０１８

地受客观现实世界的影响和制约。

2．思维的主观能动性

思维是人们有意识地、能动地反映客观事物的行为和过程。在社会生活中，人们对事物所做的预测性分析正是这种主观能动性的体现。

3．思维的目的性

人类的思维是有一定目的的，是为了满足人类的一定需要，这种目的影响和决定了人类思维的方向与结果。

4．思维的差别性

由于思维是人们有意识地反映和认识事物的行为，个人的经验、知识等因素都会影响思维，同时，客观现实世界对思维也会发生影响。因而，在思维的方法和结果上会有差别。思维的差别性，使得人们的认识、观点、见解各不相同，多姿多彩。

5．思维的间接性

思维的间接性是指人的思维借助其他事物作用于客观事物的反应。就像可以通过潮湿的屋顶推测有雨在夜间下过。这种现象就是将屋顶作为思维发散的媒介进行判定，属于思维的间接性。其实，无论生活还是社会自然现象，都离不开直接经验的结果，然而这种直接感知并不能作为人类更加充分的认知信息。人类要想透过现象看透事物的本质，需要将思维活动作用于有着间接联系的事物或者现象。

6．思维的概括性

所谓的概括性思维，基本上取自于同类事物中共性的特点进行概括，从而得出的认知。比如用数量来表现事物特点，像两棵树、三只羊、四头牛等。这就因为数量的缘故拥有了共同的特点。因此，数量来自于思维活动对众多物体进行数的反应，常以数字表示。所以，对数量的概括就是"数"。思维在对事物进行概括的时候，不再局限于对事物的直接依赖，而是上升到思维概括活动的概念，因此也就加深了人的认识深度，从而更有助于对客观事物的了解。

（三） 思维的分类

人类的思维从不同的角度，用不同的标准可以划分为不同的类型。

1. 静态思维与动态思维的解析

对动静两种思维状态的阐释应从如下两点进行说明：一是静态的思维状态属于定型化的思维方式，具有程序、重复及稳定的特性，这种思维对思维程度、方向及内容的变动产生排斥，并且要求具有规格化、统一化及模式化的思维；二是动态的思维状态在客观外界的变动中对思维的程度及方向等进行调整优化，从而充分表达其思维目的的活动过程。这种思维活动重点关注思维同外部环境的交流协调。进而借助得来的信息来对思维方向及目标进行持续调整和修正。以此打造正确有效的思维。

2. 发散性思维与收敛性思维的解析

第一，发散性思维。这种思维是将思维放开，从各个方向各种角度对问题进行思考，并寻求更多的问题答案。其中思维形式通常表现为多向思维、侧向思维和逆向思维。其中的多向思维属于发散性思维中十分重要的思维方式。这种思维方式的重要性在于对思维进行充分激发，针对同一问题进行多方面考虑；第二，侧向思维，这种思维也属于发散性思维的范畴，只不过是仅限定在对事物进行本专业、本领域的考察，并针对以上考察进行问题的分析及解决的过程。不过第三个所谓的侧向思维则将触角从本专业或者别的领域进行交叉，从而从其他领域激发出更多的思维灵感，从而找到本专业内的问题解决方案。最后一个是逆向思维，这种思维范式反其道而行之，对问题反向进行反向考虑。这种思维能够产生人们难以预料的结果。

第二，收敛性思维。这是一种聚焦性思维模式。存在如下几个特点：一是经验性，这种思维局限于人们凭借经验寻找问题的解决方法，因为思维局限于对相同事物的思维判断，所以，这时人们的思维受到一定的限制；二是程序性，这要求收敛性思维严格遵守程序开展思维活动；三是选择性，这要求该思维从多种途径及方案中择优选择，摒弃从更多方案去选择。

总之以上两种思维模式，各有千秋。两者有效结合称得上完善的人类思维方法。假如仅仅存在发散思维而忽略了收敛性思维，那就不能很好的对解决问题的方案进行统一的确定。相反，思维受到限制，创造性得到压制，无法产生有效的解决方案。

3. 单一化思维和多样化思维的解析

第一，这种思维模式具有片面、绝对的特征。局限于对事物单一方面的认识，甚至以无限绝对的方式对一切问题进行说明，因此，面临较为复杂的事物，这种思维方式便显得无能为力了。

第二，多样化思维，顾名思义就是针对某一个事物进行各个角度及方面的分析。这种思维模式遵循一条原则：凡事都是相互联系的。这种思维方法能够从多层次揭示事物间的联系，从而发现更多的事物本质。

4. 反馈思维与超前思维的解析

第一，反馈思维。这种思维方式遵循的是以过去的经验来应对今天的变化，这是违反事物发展规律的，这种"因循守旧"的思维习惯制约着事物的正常发展，也就不利于思维的解放。

第二，超前思维。也叫预测性思维，也就是经过对事物的发展规律的判定，引起对还没有发生的更多可能性的预判，进而反过来对思维方式进行调整。这种对未来事物的预测，不可避免带上预测的属性，自然容易导致一定程度的不确定性和模糊性。

二、商务谈判思维的概念、要素

（一）商务谈判思维的概念

谈判思维是指谈判者在谈判过程中理性地认识客观事物的行为与过程，是谈判者对谈判活动中的谈判标的、谈判环境、谈判对手及其行为间接的、概括的反映。谈判思维是谈判者的一种有意识的行为。

商务谈判活动，无论其复杂程度如何，都是一个曲折的、具有风险的较量与选择过程。一个成功的谈判者除了要具备敏锐、细腻、合作等基本素质外，还必须能够正确地认识谈判双方在谈判中所处的地位、相互作用的形式、性质、条件及其发展趋势，能够站在一定高度上把握谈判的局势变化，并根据这些变化采取相应的策略。所有这些都将在一个正确的、合理的思维模式指导下进行。否则，谈判就会显得缺乏必要的理性，谈判策略的运用也会因失去方向性而变得盲目。正确、合理的谈判思维模式是辩证逻辑思维模式，辩证逻辑思维是谈判中最有效的思维模式。

辩证逻辑思维是一种科学的思维形态，它要求人们客观地、全面地看问题，从事物的发展变化中，对具体事物做具体分析，把握事物的全部基本要素。它要求将分析和综合相结合、归纳和演绎相结合、逻辑的方法和历史的方法相结合。辩证逻辑是逻辑学的辩证法，概念、判断、推理、论证四个逻辑范畴形成的逻辑思维过程是辩证逻辑思维的基本形式结构。因此，从思维形式来说，谈判思维过程就是运用概念进行判断、推理和论证的过程。概念、判断、推理和论证构成谈判思维过程的四个环节，也是谈判思维的四个基本要素。在谈判思维过程中，概念是谈判思维的基本细胞和出发点.并且它组成判断，判断组成推理，再由推理组成论证。判断是概念的展开，而推理和论证则是概念、判断的联系和转化形式。

（二）商务谈判思维的要素

1. 概念要素

概念是谈判思维过程的第一个环节，概念是谈判者对谈判客观对象普遍的本质以概括的反映。

在商务谈判过程中，无论是谈判主体，还是谈判客体以及谈判中的时空环境，由于对它们的认识和选择存在着不同的基准，因而都存在着一个对其内涵与外延的统一而明确的界定问题，即存在着建立起准确的概念体系问题。例如，货物买卖中"质量"的概念。质量即买卖货物的品质要求。但是，由于买卖的货物品种繁多、情况复杂、要求不一，因而在概念上会产生理解上的不一致，必须对其含义进行准确、周密的确认。又如，在谈判合同的质量条款中，出现"质量以样品表示"则是一个不准确的质量概念。因为，根据这一概念可以产生两种不同的质量认定基准：以卖方提供的样品和以买方提供的样品，从而，对质量的认定失去统一的判别标准，产生质量确定上的异议，给条款的履行设置障碍。再如，"调价"的概念。调价是指价格的变动，但是引起价格变动的因素是错综复杂的，诸因素交织在一起，导致价格在一定时期内上升或者下降。在谈判过程中，卖方往往会以"经济形势发生变化，原定价格要调整"而要求提价，但并没有对引起价格变动的原因和调价的依据加以限定。这显然是卖方企图以模糊的"调价"概念来迷惑对方，获取更大的利益。而在此时，买方若用"调价"的具体概念，以对引起价格变动的原因的限定和对调价依据的明确指定来回答对方，则可以实现制止对方行为，保护自己利益的目的。概念是谈判思维过程的第一个环节，因此，概念的确定是正确运用谈判策略的基础。

商务谈判过程的特殊性，决定了一切法律和贸易的概念是商务谈判的起点。因此，一个谈判者如果不具有对谈判涉及的复杂的、通用的有关法律知识以及贸易惯例概念的认识，是无法控制谈判的方向和主动地位的，相反却容易被对方钻空子，失去主动性。因此，任何谈判首先都应明确概念的完整内涵和外延，确认概念的时间性和区域性，注意双方在概念认同上的分歧，以便准确阐述自己的观点和了解对方的真实意图。

2. 判断要素

判断是谈判者对谈判情形做出的一种确定性的识别和认定。这种识别和认定在人们思维中就形成了判断。例如，"对方的这一报价是可以接受的"，这是对谈判对手报价行为的一种确定性的识别和认定，它形成谈判思维中的一种判断。反之，"对方的报价是不能接受的"，这也是一种对报价行为的确定性的认定，也是一种思维中的判断。判断的基本作用是使谈判者做出对谈判中所涉及事物的确定性的判定、从而确立谈判策略实施与运用的基础。商务谈判策略的正确实施与运用，正是构建在谈判者的正确判断之上的。作为辩证逻辑思维，谈判的判断思维过程体现了同一与差异、肯定与否定、个别与一般、现象与本质的对立统一。

同一与差异是指谈判者应在对谈判总体做出一致性判断中找出不同之处，在差异的事物中找出共同点。例如，选择商品销售渠道的谈判。固然，选择与零售商直接进行交易可以获得缩短流通时间、节约流通费用的利益，但在做出这种一般性的判断的同时，还必须意识到相对于与若干个分散的零售商的直接交易，不如选择一个实力雄厚的大批发商。借助于批发商的销售网络和销售经验，是可以享有较低的分销成本，获取更大的经济利益的。当然，并不能由此得出在所有的销售渠道选择中，选择与批发商进行交易是最优方案的结论。

肯定与否定是指在对谈判的内容做出肯定判断的同时，要考虑对其中的否定内容。在做出否定判断的同时要考虑其肯定的因素。肯定与否定的辩证思维在谈判的讨价还价中表现得最为明显。例如，对于卖方做出的价格让步，买方予以承认，但与此同时又提出新的价格要求，要求对方进一步让步。在这个判断思维中，买方正是在对卖方价格让步的肯定中，对让步的结果予以否定，从而迫使卖方不断让步。

个别与一般是指在对谈判事物进行判断时，要从个性中找出一般或共性，在一般或共性中发现事物的特殊性和个性。例如，在谈判中，"没有不可谈的价格"是被普遍接受的一般性结论，价格的可谈性寓意着价格的可变性。但是，有的谈判者称自己的报价是"标准报价"，不能改变。在这里，以个别与一般的辩证思维去判断价格的不可变动性，则可以确认价格的不可变动性中存在着价格的可变动性，因为如果谈判的其他条件发生改变，那么价格必然出现相应的变动。

现象与本质是指谈判者要从对现象的判断中找到事物的本质。在谈判中，为了取得有利的成果或使自己的谈判目标得以实现，谈判一方往往会制造一些假象，以掩盖自己的真实思想或行为。例如，在价格谈判中，一方在第二轮让步中已经到了极限，在对方的进一步让步的强烈要求下，在第三轮让步中却故意安排小小的价格回升，此举必然激怒对方，引起对方的拒绝。随后在第四轮谈判中，再假装被迫做出让步。一升一降，实际让步总幅度并未发生变化，纯粹是虚假的让步行为，但却迎合了对方的态度，投其所好，使其得到一种心理上的满足，从而容易使双方在价格谈判中达成一种共识。在谈判过程中，谈判双方往往都会做出许多姿态，或诉苦、或激动、或愤怒、或委屈、或向对方透露其内部矛盾。在对谈判对方显露的行为或情感做出判断时，必须透过现象看本质，以免被假象所迷惑而做出错误的判断和决策。

3. 推理要素

推理是指谈判者从已知的判断中推导出新的判断和结论，它是谈判思维过程的第三个环节。推理是一种积极的、有价值的思维升华。通过推理，谈判者可以从已知前提知识中得出一个新的结论知识，即新的判断，从而对谈判双方策略的变换与运用产生影响。

从思维活动的角度看，商务谈判的过程就是一个复杂的推理过程，谈判决策与谈判策略的变换，是类比、归纳和演绎推理思维链条的最后环节。因此，在谈判过程中，不仅存在着如何认识推理过程的问题，而且还存在如何运用推理方式的问题。辩证逻辑思维是因循辩证逻辑方式而非形式逻辑方式进行推理的，主张推理的客观性、具体性和历史性。这是一种科学的推理。在现实的谈判中，不难看到这样的推理："由于原材料、能源价格上涨，工资成本增加导致产品成本增大，因而，产品价格要提高5％。"这是典型的形式逻辑推理，其推理过程是正确的。然而，如果用辩证逻辑方式重新推理，结论未必成立。因为，这一推理是利用形式逻辑的"正确性"来代替辩证逻辑推理要求的"客观性""具体性"和"历史性"的原则。价格上涨是一种社会现实，然而具体到某一产品，其价格是否上涨要受到多种因素的制约和影响。产品的原材料、能源价格上涨及工资成本增加，固然会引起产品价格上涨，但原材料、能源价格及工资成本究竟上升多少，能否致使产品最终价格上升5个百分点？在工资成本上升的同时，企业的劳动生产率是否提高？劳动生产率的提高幅度是否超过工资的增长幅度？运用辩证逻辑方式进行分析和推理，则不难发现对方貌似正确的推理下的推理漏洞。

实际上，在现实的谈判中，上述推理正是谈判对手惯用的一种手段和技巧，即用貌似正确的推理迷惑对方，诱使对手产生错觉，出现判断失误。因此，在谈判过程中，必须注重推理的科学性。

4. 论证要素

谈判思维中的论证是根据谈判中客观事物的内在联系，以一些已被证实为真的判断来确定某个判断的真实性或虚假性的思维过程。论证是综合运用概念、判断、推理等各种思维形式和逻辑方法的过程。论证过程对谈判策略的实施和运用具有更为重要的意义。

谈判中的论证主要包括两种类型：①解释型的逻辑论证。解释型的逻辑论证是商务谈判中经常用到的论证方式，在报价方进行价格解释时，在双方讨价还价时都要用到这种论证方式；②预见型的逻辑论证。它是以不确定的决策设想或问题设想去推论某个预见性结果的论证方式。例如，"卖方推销的这种产品，市场前景可能不好"。这是买方在接到卖方报价时得出的一个问题设想。根据这个设想，买方可以做如下推理：如果卖方认为前景不好，急于出手的话，那么，即使己方还价稍低。卖方也可能接受。这是一种预见性的结论，这一结论需要用事实来证明。在买方还价很低时，卖方果然很快地接受了，这就说明，买方的预见性推理和论证是正确的。

三、商务谈判思维的方式

（一）联想思维方式

所谓的联想思维方法，也就是通过对事物间的各个方面进行全盘研究，进而获得更多的创造力，从而拓宽视野，开放思路，找到更好的解决方案。这种科学的思维方法能够防止片面、孤立地思考问题所造成的僵化、闭塞，能够深入事物的本质，用全面地、联系地思考问题的方法来形成新思想。这种思维方法的特点是：把表面看起来彼此孤立的问题统一起来，呼应联想，使之迸发出新思想的火花。

联想思维法在商务谈判中具体运用时要注意两方面的问题。

第一，要把与交易内容有关的所有议题都联系起来，列入谈判范围，而不是孤立地就某个议题而谈某个议题。例如，在有关设备引进的价格谈判中，就要考虑到设备的先进性如何、交货时间、技术服务等一系列问题。

第二，在讨论某个议题时，不要只讨论这一议题所涉及的某几个方面或一两个方面，而是要讨论所有有关的方面。以某货物买卖谈判中的价格谈判为例，在这一谈判中，谈判者不仅要讨论某一单位的货物能卖多少钱，还要考虑计价的货币（因为其中存在着汇率风险）、采取什么样的支付方式、支付时间等。

（二）逆向思维方式

逆向思维法是指当人们的思路被遇到的难题所困扰的时候，采用与众不同的相反的一种思考问题的方法。这种思维方法有时会产生出奇制胜的全新方案。其主要特点是：打破常规，从一般人们意想不到的相反的方向打开思考的大门，获取解决难题的全新方案。

在谈判桌上，谈判者常常被一些险局、僵局或难题所困扰，智穷思尽，百思不得其解。那么，谈判者不妨从相反的角度去思考一下，也许可以从中打开缺口，找到答案。

当然，逆向思维法不一定对每个人每件事都有效，但它们至少为谈判者提供了一种解决问题的方法或途径，增加了成功的机会。对谈判各因素和关系的分析不透彻，不去研究新的问题，那么在谈判过程中就可能会吃亏。

（三）动态思维方式

我们身处的环境及事物状态都存在一定的变化，这也就导致我们在认识问题时具有一定的局限性，事物是不断发展变化的。所以，抱着静态思维去认识问题，也将陷入与实际情况不符的现象。这些在商务谈判中表现的尤为突出，这种谈判自身具有的善变多样化，决定了人的思维也要千变万化，在认识问题时，需要及时调整思维的方向重点及角度，及时对思维的过程和结构进行把握。例如，在没有预期的情况下，本来事先进行的补偿贸易层面的谈判，在谈判过程中却出现补偿贸易到现汇贸易的转变，这种谈判贸易的突然变动，必然打乱了原有的谈判目标，这时就要充分调动思维的作用，尽最大能力考虑更好的解决方案，（货币的币种、外汇的汇率等），各因素之间的关系和目标等。如果仍然抱着补偿贸易条件对各因素和关系的分析不放，不研究新的问题，在谈判过程中势必会吃亏。

（四）超前思维方式

超前思维在商务谈判中有着十分重要的地位，它能够对事情进行超前预测，对事情的发展趋势了如指掌，进而掌握谈判的主动权，获得巨大的收益。通常来讲，在外币计价及支付的涉外商务谈判中，就要对货币的汇率进行研究，而且是各种不同货币，这种汇率的风险大小取决于是否能够准确的预测汇率的变化。如出现预测不准确的现象，将会造成利益上的严重损失。

其实，人们在丰富的社会生活中积累了许许多多的科学思维方法，如头脑风暴法、组合分解法等，谈判者都可以在谈判中借鉴运用。但是这不等于说不懂得这些思维方法就不能获得解决问题的途径，在现实生活中，人们大都是不自觉地借助于各种思维技巧来启发思路的，或根本不借助什么方法，而完全是由"急中生智"或"瞬间灵感"而获得一种创造性思维。因此，在谈判过程中，许多绝妙的创举绝非是掌握了几种思维方法所能代替的，它往往取决于谈判者的反应能力和智力水平。谈判者要正确认识思维方法在谈判中的积极作用，但不可用它取代一切。对此，谈判者要有清醒的认识。

（五）多样化思维方式

这种思维方式一个最大的特点就是多样化，其多样化表现在大自然中存在的普遍联系现象，比如像直接、间接联系，内外部联系及必然偶然联系等，如果能够从这些联系中寻得一种解决问题新方法，那就能够充分证明这种思维方式是可取的。例如，我们在对外投资方面，想通过投资国外进行独资企业创办，然而在同东道国谈判时，极易因为谈不通造成一定的损失，这时候多样化思维便能起到极大的作用，因其思维的灵活性，将谈判的技巧融合于经济政治外交等方面，由此，借助政府的力量来推动工作，这是最有效的解决方案。

当在谈判中遇到难题时，特别需要冲破思想束缚，大胆地进行探索，寻找没有准备过的新办法。

四、商务谈判思维中的诡辩

商务谈判中的诡辩摒弃了公平谈判的原则，看似采用正确的思维方式进行"说理"。但是经常出现那种有一定缺陷或不当的推理方法扰乱问题，从而导致对手陷入"有理说不清"的窘境。诡辩术实质上是谈判者以防卫为基本出发点,在谈判过程中使对方在不知不觉中陷入自己设置的思维"陷阱"中,从而陷入被动局面的一种思维方式。

商务谈判中诡辩术的运用常常面临一种"道德风险"。固然,在谈判过程中,谈判者的任何不违背法律和行为规范的行为仅仅是谈判技巧问题,而与道德问题毫不相关,因而,诡辩术的运用与伦理道德是并行不悖的。但是,提倡谈判诡辩术的运用,在道义方面应做到有节,要掌握分寸,适可而止。

谈判中的诡辩术主要以偷换主题、以相对为绝对、以现象代替本质等手法表现出来,弄清诡辩术的主要表现手法,是谈判过程中对付诡辩术者的首要一点。

(一) 偷换主题的表现手法

这种谈判的诡辩手法有一定的套路,基本表现在谈判中的一方发觉自己论点站不稳时,则对论题进行诡辩以转变论题,从而击中对方弱点或者是诱导出新的论题,改变原有的谈判方向。

偷换主题这种诡辩手法,其实质在于搅乱谈判原有的思维链条,分散思维注意力。因此,对付这种手法的关键在于谈判思路清晰。只要谈判者思路清晰,偷换主题的诡辩术是很难得逞的。

(二) 以相对为绝对的表现手法

以相对为绝对是指谈判者在阐述问题时将相对的概念与绝对的概念混合使用,并以相对代替绝对,用来掩饰自己命题的错误,从而获取有利的谈判条件。例如,在一项设备交易谈判中,卖方认为己方公司提供的设备其生产能力比原定能力提高了25%而新的报价没有变动,这等于价格降低25%这是谈判中卖方的一种很典型的以相对为绝对的诡辩。在这里,关于价格高低的论证就是把"相对的生产能力提高"与"绝对的价格降低"混淆在一起,将相对变成绝对。

对卖方以相对为绝对的诡辩手法,买方的对策是弄清绝对概念与相对概念的范畴,将绝对概念与相对概念截然分开。

（三）以现象代替本质的表现手法

以现象代替本质是指谈判者只强调问题的表面形式、表面现象，而不涉及问题的实质，从而掩盖自己的真实企图。在商务谈判中，以现象代替本质的诡辩手法屡见不鲜。例如，在谈判的讨价还价阶段，卖方以虚伪的让步迎合对方的需要和心理，但让步缺乏实质性内容。防范这种诡辩手段的对策是能够从复杂的现象中找到事物的本质，然后抓住不放。例如，在上述情形出现时，买方面对卖方修改过的报价，要分析其让步是否具有实质性内容。只要没有实质性改善，买方就应该抓住报价中的实质性内容或关键的谬误，盯住不放。同时依据对方的权限、成交的决心，双方实力对比及关系好坏，制定或改变讨价策略，进一步改变对方的期望，迫使对方做出实质性的改善报价行为。

五、商务谈判中的逻辑思维

谈判要说服对方，在材料的安排和语言运用方面，就必须符合逻辑思维的规律，必须讲究逻辑艺术。谈判者的逻辑思维如果脉络清晰、条理清楚，就不会出现这样那样的逻辑错误；如果具备高超的逻辑艺术，就能应付瞬息万变的复杂局面，就能驾驭全局。这样，就会取得谈判的成功。

（一）谈判中的逻辑准备

逻辑准备主要是运用各种逻辑知识及方法，树立谈判标的，调查研究，周密地搜集整理各种情报信息，精心地筹拟谈判计划，理顺思路，做到对整个谈判胸有成竹。这是谈判制胜的先决条件。下面介绍几种主要的逻辑准备方法。

1. 树立谈判标的法

树立谈判标的法就是确定谈判的主题。不仅要对谈判主题的范围、始源、定义、要点了然于胸，更要深入去研究。谈判双方都有权对谈判主题的修正和确定提出建议，经过讨论，取得一致意见，然后，在整个谈判活动中，双方都要围绕这个主题来进行。

树立谈判标的的逻辑要求如下所述。

（1）谈判标的要明确。

在谈判中，标的即主题必须简单明了。谈判主题在思维形式上最好是一个简单判断。谈判主题明确，首先表现在对谈判范围的概括上宽狭适度，要避免范围宽泛、头绪纷繁、要领不明的主题。其次，谈判的主题要明确，就要使表达主题的语词或语句无歧义，否则在谈判中就会被人利用。

（2）谈判标的要同一。

在整个谈判中，标的要同一，即谈判的主题要始终如一，不能随便转移，也不能以另外的主题来替代原来的主题，更不能离开主题，漫无边际地东拉西扯，否则，就会违反逻辑基本规律的同一律，犯"转移论题"或"偷换论题"的逻辑错误。

（3）谈判标的要无矛盾。

在同一谈判过程中，不能同时树立两个或两个以上的不同标的，即不同的主题。这就要求在谈判中，谈判人员在同一时间、同一条件和环境下确定谈判主题时，必须排除其思想矛盾；如果出现了矛盾情况，谈判人员不能同时肯定互相矛盾的谈判主题，需要指出其中必有一假。

对谈判标的即主题的同一性要求与无矛盾性要求是一致的，都是谈判中思维确定性的具体表现。

2. 调用备战粮草法

参加谈判的第二项准备工作是调用备战粮草即搜集和整理信息。

（1）信息搜集法。

谈判中需要搜集哪些信息，这要根据谈判内容及谈判对方而定。总的原则是谈判双方的信息都要搜集，且搜集信息的范围应该尽可能广。凡是有助于对谈判内容作深入、全面了解的信息资料，可以增强论证谈判主题说服力的证据，都应广为搜集。另外，我们在搜集信息时，要特别注意信息的时效性。

信息是人们对工作中的各种资料经过加工处理后得到的。这种加工处理过程就是逻辑思维过程。因而在信息的加工过程中，无处不体现着逻辑的艺术。

（2）信息处理法。

我们将大堆的信息收集起来了，但这些信息并非全部有用，所以我们的首要任务是寻求有用、去伪存真。将有用的、真实的信息，经过浓缩后存储，将错误的和可有可无的信息剔除，是此时该用的逻辑方法。经过去伪存真之后，我们便得到了"真"的信息，它们尽管十分有用，但不一定有效，只有将这些零碎的信息点串联起来，形成信息线，乃至发展到信息面，它们才能发挥其功效。这便是信息的整理和加工。

整理和加工信息的逻辑方法很多，常用的方法有归纳法、比较法、演绎法。归纳法是一种以经验材料作为基础、从个别推导到一般的逻辑方法。比较法是辨认对象之间的相同点和差异点的逻辑方法。演绎法是从一般到个别的逻辑推理方法，它与归纳法截然相反。

3．战前运筹帷幄法

（1）理顺思路法。

谈判时驾驭局势的高超本领，往往是谈判前长时间思想准备的结果。谈判者要在搜集信息、整理信息的基础上，进一步理顺思路。理顺思路的方法，可分为物理方法和逻辑方法两种。物理方法中最有效的是笔录法。

理顺思路的逻辑方法很多，主要有时间顺序法、空间顺序法、因果顺序法、组合顺序法。时间顺序法是按时间先后顺序来安排思想的层次结构。它又叫过程顺序法。一般是按谈判的五个阶段来整理思想材料，理清自己在谈判的五个阶段中的基本观点和方法。空间顺序法是按空间距离的远近来安排思想的层次结构。因果顺序法是按事物间的因果联系来安排思想的层次结构。组合顺序法是根据谈判中表述和论证思想的需要，把各种思想、信息材料组合在一起来安排思想的层次结构。

（2）谈判计划拟订法。

谈判计划是谈判活动的骨架，它对谈判活动起着举足轻重的指导作用。谈判计划的内容主要有：任务与目标、程序与要求、政策与措施。

我们在拟订谈判计划时，要认清谈判的主要逻辑特征，即它的时间性和预测性。因为计划是在将来才实施的，它必须以时态逻辑关于过去、现在与将来的理论为依据，由事物的过去和现在来推测将来。

（3）谈判情景模拟法。

谈判情景模拟法的主要方式是提出各种假设情况，然后针对这些假设情况，制定出一系列的对策，采取一定的措施，确定谈判的策略和技巧。

在谈判前的运筹帷幄法中，我们所讲的假设，主要是指三个方面的内容：对客观世界的假设；对自我内心世界的假设；对他人内心世界的假设。

然而，最高明的谈判者也无法全部假设到谈判中可能出现的各种情况，隐蔽的假设使人不易察觉。而且，谈判者务必牢牢记住：自己所做的假设只不过是一种推测，带有或然性。要是把假设奉为必然而去行动，那将是冒险行动。因此，要是你能看准对方的"假设的必然性"，你就能利用他的这种故意冒险而占据优势。

（二）谈判中的逻辑思维

逻辑思维，是指人类思维过程和流向的逻辑程序。人类思维的一般逻辑是：由逻辑起点开始，经过逻辑中介，最后达到逻辑终点。具体来说，就是从反映事物本质的概念开始，通过认识和揭示概念之间的有机联系和关系，达到对事物各方面本质的全面把握。

一个概念往往只是对事物某一个方面本质的反映和概括，只有通过互相联系的概念，才能揭示事物本质的全部，从而使人们对事物某一方面的认识发展为对事物总体的认识。因此，当我们确定了作为思维逻辑起点的概念之后，可以通过作为起点的概念和一系列的后继概念之间的相互联系、彼此过渡来达到对事物本质的总体全面的把握。在这当中，每一个概念都是一个中介，它把前后两个概念联结起来，既是前一个概念的发展和必然结果，又体现着过渡到后一个概念的必然趋势，从而形成了一个概念的链条。

如何才能使我们的逻辑思维正确而不发生或少发生偏差呢？

1. 必须正确选择思维的目标

思维的目标指明了思维的方向，它既是实际思维的起点，又是思维过程的终点。思维目标是个系统，包括总目标、分目标、长远目标和短期目标等。总目标制约和影响分目标，而各个分目标有机结合就是总目标，总目标的实现是通过各个分目标的实现来达到的。

2．要制定思维的具体步骤

即如何根据思维过程的一般逻辑程序，确定从某一概念开始过渡到另一个概念，从某一个阶段过渡到另一个阶段，从某一个目标过渡到另一个目标的程序。按照思维的程序、步骤进行思维，是思维保持正确的流向、不断深入和取得成果的保证。

3．必须对思维进行动态控制

在人们的思维过程中，作为思维对象的客观事物在不断地发生变化，作为思维主体的人，其主观思想受认识条件的限制，也难免出现片面和差错。因此，在思维过程中，思维出现偏差是自然的；重要的是，人们必须清醒地意识到这一点，并不断地通过信息反馈，及时找出偏差的原因，并加以纠正。只有对思维过程进行动态控制，及时纠正思维偏差，才能避免积小错为大错，提高思维的效率，缩小思维的目标差。思维作为人们的主观意识对客观事物的能动反映和认识，是否正确，最终要由实践来检验。

六、商务谈判思维方式的选择和运用

（一）商务谈判思维方式的选择

在商务谈判思维中，逻辑与非逻辑的要素，如社会的、文化的、心理的、个人的要素作为谈判思维的基本构成单元介入谈判思维过程中，形成了互有差异的谈判思维方式。主要有散射式思维、跳跃式思维和反向式思维可供选择。

1．散射式思维方式

这种谈判是一种综合性的思维方式，具有立体且转移的思维特征，对议题有着全面的理性思考，在谈判过程中可以灵活地对谈判思路进行拓展，缓解尴尬，消除谈判死角，进而完成谈判目标。

2．跳跃式思维方式

这种思维是在谈判过程中，能够从一些无关重要的问题上跳跃至能够及时解决问题的关键点，可以在困顿中找到解决问题的方向，这也是多数人希望用到的思维方式。其最大的特点是击中对方要害，找到解决问题的关键，适用于对问题的说明或者对对方给以反击，并取得良好的效果。例如，在对外贸易谈判中涉及了质量、数量、包装条件、结算方式、许可证等多项内容，一般的思维方式并不能从这么复杂的环境中谈判胜出。行之有效的方式还是跳跃性思维，因为它能从复杂的事项中击中要害。

3. 反向式思维方式

反向思维是指在思维过程中，从已有的结论反向推论其条件前提的思维方式。反向式思维的公式是：结论—推向依存的条件前提—评价条件前提的客观性与真实性—肯定或否定结论。反向思维不同于常规的思维方式，起具有一定的强迫性，所以，一些常规思维无法解决的，可交由反向思维方式来解决，利用这些问题可以作为与对方讨价还价的条件或筹码。例如，卖方四套设备的总报价是４５万美元，按反向思维对买方报价进行确认：设定利润率为２０的正常水准，则其总成本为３６万美元。而根据卖方在报价中各部分价格所占的百分比，四套设备的成本分别为１２万美元、１０万美元、８０万美元和９０万美元，第四套设备的成本显然不可能有那么高，卖方价格的计算基础不真实，应调整报价。

（二）谈判思维方式的运用

1. 比较与抽象法在谈判中的运用

比较方法是在商务谈判中运用最多的一种思维方法，在运用比较法时必须注意两个问题。

第一，比什么。也就是比较的内容和标准是什么。如果比较的内容和标准选择得不正确、不合适，往往会直接影响比较结论的正确性。例如，假设己方是技术的引进方，准备与三家国外厂商就某一项目技术的转让进行谈判。在与这三家外商接触谈判后，要提出的交易条件进行比较。这时，比较的内容应该怎样确定呢？一般来讲，比较的内容应该包括所有的交易条件。具体地说，有三个方面。一是技术方面，比如技术的先进性，产品竞争能力、生产效率、质量水平等。二是经济方面，它包括价格、支付条件和方式、金融条件（是否提供信贷、利率高低、偿还期限）等。三是其他条件，主要是限制性条款。在一般情况下人们往往只注意到技术与经济上的比较，而忽视其他条件的比较。事实上，转让方对引进方的任何限制（产品销售范围与地区的限制，技术改进与再转让的限制等）都会造成接收方利益上的损失。因此，如果比较的内容不完全，必然导致比较结论的不正确。

第二，比较的前提与条件。有时只注意对两件事物比较，而没有注意这两个事物之间是否具有可比性，以及在什么条件下可以相比较。例如，在国际货物买卖谈判中，对某货物一家卖主报价ＦＯＢ每吨４０美元，另一家卖主报价ＣＩＦ每吨５０美元。由于在ＦＯＢ和ＣＩＦ两种价格条件下，买卖双方所承担的费用风险和责任是不同的，因此不具有直接的可比性。但是，如果对第一家卖主的ＦＯＢ价格进行适当的调整和处理，使之在内容上与ＣＩＦ价格相一致，或者转化为ＣＩＦ价格，那么就可以进行比较了。

综上可知，在谈判过程中，比较时一定要注意，尤其那些不可进行相比的事物，多数存在把不能相提并论事物作比较，而且比较中倾向于对自己一方有力的内容，最终出现损人利己的现象。

而对于涉及的比较法，其在实际运用过程中，既强调了可比性又注重比较内容的全面性，以此保证正确结论的出现。然而，两样东西在属性方面各有各的特点，并非简单的比较便能得出最终的评价和判断。要想解决这一问题，就要用到抽象法。这种思维方法可以有效剔除那些细枝末节的因素，对事物的本质进行分析。就上面的例子而言，就是要选取投资环境中对投资经营影响最大的若干个因素进行比较、考察和分析，对其他影响较小的因素则暂时撇在一边，不予考虑，从而摆脱次要因素的纠缠。这实际上就是要抓住主要矛盾和矛盾的主要方面。只有这样，问题才能迎刃而解。

抽象法虽然较之比较法在认识上更全面、更本质，但仍然具有局限性。这是因为从个别事物中抽象出来的属性并不一定具有普遍的意义。仍然以对一国的投资环境的评价为例。对一个国家的投资环境进行了抽象的分析，选取影响该国投资环境最主要的因素和方面进行了分析和评价，把握住了该国投资环境的本质特征。但是对该国投资环境进行评价所选取的因素不一定适合其他国家。也就是说，它不具备普遍的意义。对该国投资环境影响重大的因素，在其他国家可能不重要。因此，在抽象以后还必须进行概括。这种概括是以抽象作为基础，并对这一基础定义成普遍的意义。这种方法应用于评价投资环境中，行之有效的便是创建出一种适合各国实际投资环境的评价分析方法。由此对各国的投资环境进行一定程度的了解、比较。在商务谈判中，抽象的思维能力与概括的思维能力便可得到充分的发挥，能在纷繁复杂的关系中抓住主要事物，形成一般的"理想的方案"，作为实际行为的参照。

2．归纳与演绎法在谈判中的运用

归纳是总结发散性思维的成果，叙述事物的本质所在，从而得到有理有据的论点，这种谈判方法应用于涉外商务谈判，在展开谈判前，需要对客商及另外的公司企业进行交易情况的调查，假如交易历史记录信誉良好，这边能从大量的具体交易中得出如下结论：这个客商有着很好的征信。反之，如果在调查中发现，在某些交易中该公司是认真执行合同的，而在另外一些交易中则有违约的行为，那么，就不能得出上述结论。

因此，在运用归纳法时，为了能做出正确的归纳，对样本的数量要求要高一些，且样本要具有一定的代表性，从而提高归纳结论的正确性。

而演绎法则充分体现在以一般性的结论为基础，推断出具有同种属性的，在谈判中使用的惯例说明也是一种演绎思维，其中常说的惯例，即为经过大量的实践按照人们对某类事物进行处理的一贯方针或规则。惯例出现最多的就是长期的国际经济贸易往来，这种惯例起到一定促进作用，在合资企业中，根据投资比例的多少分配董事会的席位，由投资最多的一方担任董事长；根据投资的比例来分配利润，分担亏损和风险；在国际货物买卖中对 ＦＯＢＣＩ、ＦＣ＆Ｆ含义的理解；在技术贸易中，转让方对技术质量的保证等。应该熟悉和掌握国际惯例。经演绎法处理的问题在谈判中有几点分析：一是错误的演绎导致错误的演绎推论；二是，保证演绎推论和前提在性质上具有一定相似性。否则将出现推论不能正常得出，或者出现谬论。例如，在中外合资企业中对企业结业时的剩余财产处置，是按照双方当初的投资比例来进行分配清算的。

3．分析法与综合法在谈判中的运用

在商务谈判中，有时对方提出的某个建议，或提供的某个资料内容关系比较

复杂，很难直接从外部总体上判断其真伪，看清其实质。这时，就可以运用分析法来进行分析。例如，在技术贸易谈判中，转让往往只报一个一揽子的总价格。对于这个总价格，有时凭直觉，或者将之与其他厂商的价格进行比较，判断其是否具有"水分"。但是就谈判而言，光知道有"水分"是不够的，还必须知道"水分"藏在何处。只有这样才能挤出"水分"。为此，采用分析方法分析对方的报价，这种报价涉及一揽子总价，这时我们对各个单项内容进行价格分解。举例来讲，将技术设备、资料及培训咨询的费用进行分解，根据实际情况还能再做细分，这样在经过一定程度的分解后，便能正常拿出各个单项价格比较正常价格。从而可以比较清楚地看出其是否有"水分"，以及有多少"水分"。在谈价还价的过程中掌握主动权，合理让对方让价，摒弃盲目乱砍价的行为。

同样，如果要对两个客商的报价进行比较。也可以将报价的内容分解为若干个项目。对每个项目进行逐一比较。这样，对报价的优劣长短就会看得很清楚。

对于那些实际内容很复杂.而表现形式却比较简单的问题，分析法是最有效的分析手段。在运用分析法分析问题时，必须注意以下两点。

第一，必须注意对事物进行分解的角度。选择什么样的角度来进行分解是十分重要的，必须使所选择的分解角度最有利于体现事物的本质、内部关系和最有利于说明问题。第二，不要为分析而分析。分析本身不是目的。分析的目的是使能从事物的本质和事物内部的各个部分、各个方面的联系中来认识事物的整体。就像上面例子中对技术转让价格的分析那样，最终的目的是要对该报价做出一个准确的评价。因此，在分析的基础上还必须进行综合。

综合方法强调和体现的是对事物总体的把握。对谈判人员来讲，在谈判中运用综合的方法，提高自己的综合能力是很重要的。一项谈判从内容上看可以分为几个部分，一个部分又可以分为几个问题，一个问题又可以分为几个方面。谈判人员不仅需要了解和研究谈判中每个部分、每一个问题、每一个方面，更重要的是在此基础上要站在谈判全局的高度，从战略上来看待和把握。很多的谈判者，基本上都犯过这样一个错误，容易执着于一个方面，而忽视对全局的把握。

第二节　辩证思维以其引导作用下的语用功能

商务谈判是相互对立的各方通过竞争与合作实现共赢的过程。在这一过程中，谈判者的思维是辩证的，以变化发展为视角，采取差异与同一相结合，肯定与否定相互依存，共性与个性互补的原则，在竞争中共同创造价值，在合作中实现双赢。当谈判中选择辩证思维模式时，谈判者所使用的语言形式表现出来的言语效果就是商务谈判辩证思维的语用功能。①

一、同一性与差异性及其语用功能解析

商务谈判具有复杂性的特征，因为谈判主体的风俗习惯、信仰等文化背景不同，谈判内容涉及的方面也很广泛。谈判就会涉及利益，双方都会就自己的利益进行较量，而且还有运用一些方法或者手段。但是，有些谈判除了要保证自己的利益还要保存友谊和情谊。商务谈判的最终目的是实现合作共赢，不能一味地只顾及自身的利益，还要顾全大局，适当地作出妥协，迁就对方。

第一，谈判原则分析。在进行商务谈判时，双方会因各自利益的不同会持有不同的观点，各自都为蝇头小利纠结不放，很可能会导致谈判的破裂，损失会更大。因此，谈判双方要求大同存小异，不要在细节处纠结太多，达到互补，实现合作共赢。

第二，谈判目的分析。谈判双方的目的是赢得自身最大的经济利益，当然还要建立长久的商业友谊。谈判当事人为谈判所做的一切准备都是为了经济利益，不过，从长远的角都出发，建立良好的商业友谊更加重要。商业友谊的成功建立，有利于谈判的进行，更有利于业务的开展和今后的进一步合作。

第三，谈判模式分析。谈判其实可以分为"谈"和"判"两个部分。"判"是指双方进行市场调查，对市场充分了解后，从而确定自身的需求和设定谈判的目

---

① 陈玉章. 商务谈判实务 [M.] 北京：北京理工大学出版社，２０１０

标;"谈"就是将自身的突出优势、哪些方面必须坚持、哪些方面可以让步。谈判需要满足互补原则,不能一味地坚持自己的利益不放,要实现合作共赢。谈判要做到矛盾的对立统一,也就是说,谈判者既要实现自己设定的谈判目标,还要在一定程度上满足对方的需求。

二、肯定与否定及其语用功能的解析

谈判的过程中充满了肯定与否定,谈判当事人在与对方交谈的过程中,先肯定合理的要求和条件,在委婉的拒绝、否定不合理或者对自己不利的要求或者条件。在肯定和否定的过程中,谈判当事人能够分析出对方主要和次要的需求,根据对方需求的不同,在短时间内想出对策,从而说服对方,让对方接受我方的条件和要求,整个过程其实就是讨价还价的过程。

第一,从谈判技巧角度分析,谈判是涉及面非常广的综合艺术,谈判双方辩论思维的强弱和谈判技巧的高低决定了各自谈判的水平。例如,谈判不是一味地诉说自己的需求,而是将更多精力放在倾听别人的要求和建议上,对其合理性加以肯定和赞扬,表现了己方对其的尊重,拉近了与对方的距离,当我们委婉拒绝其不合理要求和建议时,对方也比较容易接受;谈判时,以求大同存小异为原则,不在细枝末节之处斤斤计较,可以节省谈判的时间,节省人力物力。第二,不应因为谈判成功或者失败影响自己的情绪,一定要注意不能说言辞过激的语言或者否定性词句,这会使对方产生反感情绪,不利于合同的履行; 如果谈判失败了,也要对谈判进行充分的肯定,让谈判在友好、融洽的气氛中结束,这样有利于今后的合作。如果只是因为某一环节而导致暂时性的失败,谈判双方可以经过准备后再进行谈判。

其次从礼貌原则上看,礼貌原则要求谈判者学会用"对方姿态"表达,要强调对方利益,要肯定对方要求中的合理部分,要体谅对方、尊重对方,要考虑到对方的情绪但是,感情并非谈判的直接目的,谈判人员对此必须有清醒的认识,如果过分地感情用事就必定会落入对方的情感陷阱而影响谈判目标的实现。①

---

① 丁建忠. 商务谈判[M.]北京:中国人民大学出版社,２００７

三、个别与一般及其语用功能的解析

个别与一般的思维本质是把握住个别和重点问题，寻找突破口，促成谈判的成功。谈判时，双方不要过于纠结细枝末节，假如过于纠结细小问题，易引起争论，不利于谈判的有序进行，其实可以先将细小的问题放在一边，找到合适的机会先进行让步在谈这些小问题，这样有利于对方的让步和妥协。还有一种方法是将一个问题分成几个小问题，再将这些小问题各个击破。以佣金为例，如果平时不给佣金，那么，市场不景气是可以不给，但是订单量大给不给佣金？以报价为例，分为全部条件和部分条件。因此，在谈判中具体问题要具体分析，切记教条死板。

谈判者要具有辩证的思维，根据谈判过程中突发的情形和问题进行快速发散，全方位、多角度进行分析，从而找到解决的办法和措施，使谈判向利于己方的形势发展。

四、现象与本质及其语用功能的解析

谈判时，谈判双方都以各自的利益出发，利用谈判技巧、谈判策略以达到自身利益最大化目的。谈判者通过诉说公司的困难、自己的难处博取对方的同情来掌握谈判的主动权，或者通过聊天、谈对方的兴趣爱好以获得对方的好感，让对方更易接受己方的要求和条件。一般情况下，谈判者通过交谈让对方获悉自己的要求、条件或者观点等，不过，在一些特殊情况下，谈判者会迷惑或者误导对方，让对方摸不透自己。

商品描述是商务谈判的必要环节，在描述时必须真实，严禁出现夸大甚至违反相关法律的现象；对商品情况的描述也是一种谈判技巧，虽然必须真实，但是没必要将自身产品的缺点或者问题一一讲述出来，要扩大优势、缩小劣势，或者采用非欺骗性的语言技巧。

在商务谈判的整个过程中，谈判者都要保持镇定，所用语言都要真实可靠、文明合理，不管谈判开始或是结束，优势或是劣势，成功或是失败。这让可以使谈判融洽、有序地进行，让对方感到愉悦，使对方更容易接受己方的建议或者要求，更易实现谈判目的。因此，谈判时要先讨论容易达成一致的问题，由易到难、由简单到复杂、由表及里地去讨论研究。在谈判过程中，谈判者运用谈判技巧并不违背道德要求，这时，谈判者就要利用辩证的思维，从表面现象分析出问题的本质，接受对己方有利或者合理的要求，拒绝不合理甚至违反原则的要求，有时可以不直接拒绝，而是通过提出己方的观点或者原则，让对方去体会，达到委婉拒绝的目的。所以，在谈判的过程中，谈判者要保持镇定、理智，用语平和自然、热情，让对方感受到我方的友好和诚意，能够换位思考，站在对方的角度思考问题，遇到争议时，用委婉的方式表达己方的要求，争取自身的利益，达到合作共赢的目的。

第三节　商务谈判中的语言沟通艺术解读

一、商务谈判语言的类型

这里所说的"商务谈判语言"并非仅指交谈中所说的"话"，一颦一笑、举手投足都是在表达某种信息，这些都是传递信息的"语言"。在商务谈判中有声语言是基础，但它不是全部，甚至有时候起关键作用的并不是有声语言，口齿不太伶俐甚至略有语言障碍的谈判大师并不少见，这需要读者注意。

商务谈判用到的语言种类有很多，根据不同的需要和标准可以分为很多类型，每种类型都有其特定的应用环境，谈判时可以根据气氛和环境进行选择。

（一）依据谈判语言的表达方式划分

根据人类语言的表达方式，可以将商务语言分为两种：有声语言与无声语言。一般将有声语言理解为人们日常沟通交流的口头语言，它借助于人体发音器官发出声音并依靠听觉系统进行信息交流。无声语言一般理解为肢体语言，它以人的体态、手势等非声音器官发出的信息进行交流。这两种语言可以相互配合、互为补充，在谈判中发挥着重要作用。

（二）依据谈判语言的表达特征划分

依据语言表达特征，商务谈判语言可分为礼节性的交际语言、专业性的交易语言、模糊语言、威胁性的军事语言和幽默诙谐的文学语言。

第一，礼节性的交际语言。礼节性的交际语言是指商务谈判中所有委婉、礼貌的表达方式的用语。礼节性交际语言的特征在于语言表达中的礼貌、温和、中性和圆滑，并带有较强的装饰性。在一般情况下，这类语言不涉及具体的实质性的问题。礼节性交际语言的功用主要是缓和与消除谈判双方的陌生和戒备敌对的心理，联络双方的感情，创造轻松、自然、和谐的氛围。

常用的礼节性交际语言有："欢迎远道而来的朋友""很荣幸能与您共事"，等。礼节性的交际语言在运用时，如果能根据情况适当地增加一些文字色彩，其效果会更好。

第二，专业性交易语言。这类语言一般是谈判中与业务相关的专业用语，它是商务谈判中使用的主导语言，具有严谨性与规范性的特点。由于地区以及文化背景的差异，对于相同的谈判事项双方存在不同的解读，这就需要专门用语对其进行统一规范的认定，从而使其标准化、规范化和通用化。同时为确保双方的责权利能够清新、明确，降低风险，措辞严谨并具有很强的逻辑性是非常有必要的。

如国际贸易会用到"ＦＯＢＳｈａｉ"等短句，其中中的"ＦＯＢ"即是国际贸易术语之一，如果贸易双方约定遵守国际商会（ＩＣＣ）《２０１０国际贸易术语解释通则》，则其基本含义为"由买方负责派船到装运港上海，卖方在上海港口的船上交货"。当然国际贸易术语表达的含义并不只这些，还会包括运输保险费用由谁出，出口、进口由哪方负责、什么运输方式等。贸易双方使用这种规范的专业交易语言，极大地简化了商务谈判及交易的复杂程度，有效地减少了贸易争端。

第三，模糊语言。在商务谈判中，往往出于说话者的立场和语言表达的策略需要，谈判的人在使用规范、精确语言同时，也常用模糊语言来保证谈判的严谨、礼貌和高效。在弹性语言中，模糊语言是谈判中经常使用的留有余地的重要手段，灵活性强和适应性强是模糊语言两个最为典型的特点。谈判中对某些复杂的事情或意料之外的事情，不可能一下子就做出准确的判断，就可以运用模糊语言来避其锋芒，做出有弹性的回答，以争取时间做必要的研究和制定对策。另一方面，留有余地的弹性语言在谈判过程中的合理运用，可以避开直接的压力而给谈判带来主动。①

交际意图是交际者通过社会交际所要达到的目的或要获得的结果。国际商务谈判是众多谈判类型的一个分类，它是指双方就交易内容进行协商并达成协议的过程。国际性谈判一般要求用语要规范和准确。但是也存在为了一定目的而使用模糊语言的情况，主要表现在五个方面。

第一，出于保护自尊心的需要并在谈判中争取主动。谈判中难免碰到一些棘手而不能马上做出解答的问题，但是又考虑到自尊心需要做出解释，这时可以用语委婉、含蓄从而做出弹性回答，这样便有了回旋余地，争取了再次进行细致思考的时间，并做出有利于己方的决策。

第二，打破僵局顺利谈判。由于模糊语言延伸性强并且含义明确，可以给谈判双方创造想象空间，为接下来能够顺利谈判提供了有利条件。谈判中经常会遇到尴尬、谈不拢的情况，而模糊语言为双方赢得了时间和空间，使双方能够彼此进一步接近，从而形成良好的谈判氛围，使谈判得以顺利进行。

第三，规避风险，争取利益最大化。由于模糊语言外延界限不太明确，可造成语义上的虚化。在商务谈判过程中，谈判双方常使用模糊语言来达到掩饰回避、迂回表达、声东击西的作用，从而达到提高谈判效率，增强谈判弹性，实现自我保护的目的。

第四，威胁性的军事语言。威胁性的军事语言进入谈判领域，主要是起强化态度，从心理上打击对方的作用，也用于振奋参加谈判人员的工作精神和意志。威胁性的军事语言具有干脆、简明、坚定、自信、冷酷无情的特征，因而往往会强化谈判双方的敌对意识，会使谈判变得更加紧张。

威胁性的军事语言在谈判中排斥了犹豫不决，也给谈判双方创造了决战氛围，

① 白远. 国际商务谈判［M.］北京：中国人民大学出版社，２００８

加速了谈判过程。另外，也可以在谈判中使自己尽可能在有利的情况下达成协议，但不宜过多使用。

第五，幽默诙谐的文学语言。幽默诙谐的文学语言是思想学识、智慧和灵感在语言运用中的结晶，它诙谐、生动，富有感染力，能引起听众强烈共鸣。幽默诙谐的文学语言大体上具备六个主要特征，即不协调性、不一致性、反常规性、奇巧得体性、精炼含蓄性、失败、胜利性。

二、商务谈判中无声语言与特殊语言的解析

语言文字符号是一个理性的符号系统，而无声语言是人的感性的或是情感的符号系统。两种符号都作为信息传播的工具，它们既互有区别，又有联系，它们可以相辅相成，却不能互相替代。无声语言传递的信息往往比有声语言更加丰富、更加形象。

（一）商务谈判无声语言的特征

商务谈判的无声语言有以下几个特点：第一，信息传递的连续性。无声语言信息传递的连续性，是指谈判主体某种特定含义或思想的非语言传送是要通过若干个存在一定联系的行为和体态连续地完成的。例如，谈判者不安情绪的表现可能伴随着抓耳朵、搔头皮、扯衣襟等若干个连续性的动作。

第二，对环境有的依赖性。无声语言传送信息对环境的依赖性是指无声语言所代表的含义与特定的传播环境和背景是联系在一起的。例如，当商务谈判主体产生厌倦、无聊、紧张等心理时，可通过点烟、咳嗽、喝水等动作来调节一下，以便较快地转入正常的谈判状态。

第三，无声语言传播与语言传播的一致性与不一致性。语言的和非语言的符号使用显然不一致的传播方式（途径），但是不一致的传播方式传送含义又完全一致的信息，而且无声语言可以加强、扩大语言符号传播的信息，这是语言传播与无声语言传播的不一致性与一致性。例如，双方谈判人员见面时在一句问候语之后，相互热烈地握手、拥抱，其所传递的信息往往是言语所不及的。同时，无声

语言也可以否定语言传播的信息，例如，充满信心的言辞伴以发抖的双手，或者以充满敌视的语调讲着友好的词句。

第四，无声语言传递信息的含义往往比语言更丰富、准确。无声语言，尤其是无意识露出的无声语言能传送出比语言符号更为准确、丰富的信息。人类的传播行为是完整的个人行为，通过非语言方式传送出的信息，许多是来自个体的内心深处，这种非语言提示是难以控制和掩饰的，因而，往往是一种真实而丰富的提示。

无声语言主要指行为语言，行为语言的认知是行为语言观察和运用的基础，商务谈判中能起到以下几项作用：①对口头表达必要的补充和辅助。非语言信息可以丰富语言所要表达的内容，于语言所要表达的信息，非语言动作在不同程度上起着辅助表达，增强力量、加重语气的作用。对方在听话时，手摸桌子，多表示不感兴趣；对方在说话时握紧了拳头，表示下定决心等；②更有效地昭示心灵，加深理解。非语言沟通在谈判中可以代替语言所要表达的意图，特别是当语言不便或不能表达谈判者意图时，或语言表达不合时宜或对方难以领会时，行为语言的运用便能够取得明显的效果；③更形象地传递信息、表达思想。谈判者如果想从一个态度转向另外一种态度，可通过表情、语调的调整或体态的运用来完成。这体现了非语言的强烈暗示作用。非语言在传递信息时还能给人自然、真切的感觉；④更恰当地联络各种关系，使交际更得体。由于商务谈判环境、对象等外部条件的不同，以及可能遭遇僵局等状况，谈判主体会产生不适心理。这时，如果通过非语言的动作调节，就能较快地恢复正常。

（二）商务谈判动作的语言

1. 商务谈判眼睛动作的语言

眼睛是心灵的窗户，通过眼睛可以透视人们心灵深处的情感表现。眼部表情透露的信息有以下几方面，第一，可以根据注视讲话者面部的时间，判断听者的心理状态。与人交谈时，视线接触对方脸部的时间，正常情况下应占全部谈话时间的３０％６０％当然，有些人可能有自己的独特习惯，比如不愿凝视对方，而只是用心倾听，这应另当别论。

第二，眨眼频率较高，有不同的含义。正常情况下，一般人眨眼 5～8 秒/次，每次眨眼一般不超过 1 秒。如果每分钟眨眼次数超过 5～8 秒/次这个范围，一方面表示神情活跃，对某事物感兴趣；另一方面也表示个性怯懦或羞涩，不敢正眼直视对方，而做出不停眨眼的动作。

第三，只听不看对方脸部带有掩饰的意图。

第四，经常眨眼是一种不正常的动作，意味着要掩盖真相，也可能意味着不诚实。企图撒谎或虚伪往往以经常眨眼而表示出来。

第五，睁大眼睛放射光芒意味着满意而兴奋的心态，相反如果眯着眼睛，眼神呆滞、目光游离，则意味着不满、消极和疲惫的状态。科学证实瞳孔表达出的信息是人类不能控制的。有些人为了避免被人通过瞳孔发现自己心中的秘密，会特意戴上有色眼镜。

第六，睁大眼睛注视着对方说话，表示对这个话题有着强烈的兴趣。眼睛动作所表达的信息多种多样，有些只能意会而无法具体描述出来。谈判也需要经常进行锻炼，在不断实践的基础上积累经验，以便察言观色。

2. 商务谈判眉毛动作的语言

眉毛在交流的过程中也能扮演重要的角色，虽然眉毛在交流的过程中很容易被忽略。实际上，眉毛在表达人的感情时，动作是比较明显的，而且变化也是很多的。因此，它所表达的语言含义也是丰富的。

眉毛的动作可能传递以下几种信息：第一，当人们处于惊喜或惊恐状态时，眉毛上扬。人们常用"喜上眉梢"来形容人的喜悦状态；第二，当人们处于或气恼状态时，眉毛下拉或倒竖。人们常说"剑眉倒竖"，就是形容这种气愤的状态；第三，眉毛声速地上下运动，表示亲切、阿意或愉快；第四，紧皱眉头，表示人们处于困惑、不愉快、不赞同的状态；第五，眉毛高挑，表示询问或疑问；第六，眉宇舒展，表示心情舒畅；第七，双眉下垂，表示难过和沮丧。上述有关眉毛传达的无声语言是不容忽视的，人们常常认为没有眉毛的脸十分可怕，因为它给人一种毫无表情的感觉。

3. 商务谈判嘴巴动作的语言

人的嘴巴除了说话、吃喝和呼吸以外，还可以有许多动作，借以反映人的心理状态。嘴巴的动作可能传递以下几种信息：第一，嘴巴紧紧地抿住，往往表示意志坚决；第二，撅起嘴表示不满意、轻视对方和准备攻击对方。这种情况在荧屏剧的人物表现上常见；第三，遭到失败时，咬嘴唇是一种自我惩罚的运用，有时也可解释为自我解嘲和内疚的心情；第四，注意倾听对方谈话时，嘴角会稍稍向后拉或向上拉；第五，不满和固执时，嘴角向下；第六，咂咂嘴，常表示赞叹或惋惜；第七，努努嘴，常表示暗示或怂恿。

4. 商务谈判吸烟动作的语言

与嘴的动作紧密联系的是吸烟的姿势。吸烟有害健康，而且公共场合多数禁止吸烟，但商务活动中常遇到吸烟的谈判对手，故而本处简单讨论有关吸烟的姿势及其表达的心理问题。

吸烟动作所传递的信息也有很多，可以作为判断谈判者心理状态的根据，一般可以分为以下几种：①刚见面就给对方递烟，并且立即为对方点烟，说明处于谈判的弱势一方。如果先聊天再掏烟并且给自己一根后再递给对方一根，则表示处于优势地位。②如果吸烟后抬起头向上吐出烟圈则是自信的积极表现。如果低头朝下吐出烟气则意味着情绪低落、意志薄弱，可能对谈判结果不乐观。③如果烟气从嘴角慢慢吐出则表示出一种消极的心态，也给人一种诡秘的感觉，表示吸烟者的思维和心情比较乱，希望理出一条比较清晰的思路。④吸烟时不停地磕烟灰，往往意味着内心紧张、不安或有冲突，这时的吸烟已不是一种心理需要，完全成了吸烟者减缓和消除内心冲突与不安的一种道具，借抽烟的动作来掩饰脸部表情和可能会颤抖的手；⑤点上烟后却很少抽，说明在交谈中戒备心重，一边谈一边紧张地思考而忘却了手中的烟。或者，心神不宁时也会这样；⑥没吸几口即把烟掐掉，表明其想尽快结束谈话或已下决心要干一桩事；⑦斜仰着头，烟雾从鼻子吐出，表现出一种自信、优越感以及一种悠闲自得的心情，通过斜视仰着头这一动作，主动地拉开了与谈话对象及其目光交流的距离，从而表现出吸烟者内心的那种自信、优越和悠闲自得的心态。

5．商务谈判上肢动作的语言

人们往往通过手和臂膀的动作表达肢体动作语言。识别手势或通过和对方手的接触能够获取相关心理活动状态。也可以通过这种方式将所要表达的信息传递给对方。一般上肢体动作表达的信息有：①握紧拳头，表示紧张或意味着发起挑战。如果用拳头击掌或伴随关节响声意味着无言的抗争或威胁。通常情况下只有受到威胁才会紧握拳头准备环击。②用笔敲击桌面或用手不停地敲桌面意味着心理不耐烦，对当前的讨论的问题没有兴趣。这种行为的目的一是为了打发时间，二是向对方发出提示的信号。③双手手心相对重叠在一起，放在胸上部成塔尖状，意味着说话者充满自信，这种动作一般在国外会场主持或领导发表讲话的情况下出现，它向听众表达出一种高高在上的心理状态，可以起到威慑的作用。④双手在胸腹部握在一起表示谦虚、矜持但又有些忐忑的心理状态。运动员在接受颁奖时会出现这种动作。⑤两臂交叉于胸前，表示保守或防卫；两臂交叉于胸前并握紧，往往是怀有敌意的标志；⑥吸手指或指甲。成年人做出这样的动作是不成熟的表现；⑦握手所传达的信息。原始意义的握手不仅表示问候，而且也表示一种信赖、契约和保证之意。

6．商务谈判下肢动作的语言

商务谈判下肢动作的语言往往是最先表露潜意识情感的部位，下肢动作可能传递以下信息：第一，"二郎腿"。与对方并排而坐时，对方若跷着"二郎腿"，并且上身向前倾斜，意味着合作态度；反之则意味着拒绝、傲慢或有较强的优越感。相对而坐时，对方跷着"二郎腿"却正襟危坐，说明对方是比较拘谨、欠灵活的人。

第二，架腿。第一次见面就有这种动作意味着高傲、怀疑甚至不想合作。如果上半身向前倾又不断地讲话，则说明热情有余但素质欠佳。经常性的更换姿势则代表情绪不安，甚至烦躁没有耐心。

第三，并腿。谈判过程中保持双腿并拢并伴有上身前倾的姿势，表示尊重对方，期望达成交易。如果伴有后仰的动作则表示很谨慎，自信心不足或缺少魄力。

第四，分腿。双膝分开、上身后仰者，表明对方是充满自信的、愿意合作的、自学交易地位优越的人，但要指望对方做出较大让步，是相当困难的。

第五，摇动足部，或用足尖拍打地板，或抖动腿部，都表示焦躁不安、无可奈何、不耐烦，或欲摆脱某种紧张情绪。

第六，双脚不时地小幅度交叉后又解开，这种反复的动作表示谈判者情绪不安。

7. 商务谈判腰部动作的语言

腰部处在身体中间位置，具有承上启下的作用，腰部动作和人的心情和精神关系密切。它可以表达至少三种信息，①弯腰动作，向对方点头、躬身弯腰意味着姿态放低，从心理上感觉不如对方，害怕对方。②腰身挺直，并做出向上增高的动作表示情绪高涨、自信心满满。对自己充满自信和自律，但是为人不够圆滑。③双手插在腰间意味着已经做好必胜的心理准备，胸有成竹。具有明显的优越感和支配他人的欲望，一般领导者会有这种姿势。

8. 商务谈判腹部动作的语言

腹部和腰部都处在身体的中间位置，腹部动作也代表着一定的意味。它所表达的信息至少有五种，①腹部凸出意味着充满自信和优越感，是意志和精神的体现。这个动作意在扩大影响力并可以提高己方地位，向对方发出威慑的作用。②将上衣敞开腹部意味着没有戒备的心理。③报腹蜷缩表示意志力不强，出现消极、不安的心理状态。④腹部反复起落表示兴奋或不满的心理状态。⑤拍打腹部意味着自己有度量、有风度，也代表着谈判后得意的心情。

9. 商务谈判其他姿势的语言

除了以上几种无声语言外，还有以下几种语言：①如果头部保持中间状态，并不时点头表示对谈话内容持中立态度，既不感兴趣也不讨厌。如果头部向一边倾斜并问话身边人意味着对内容感兴趣。如果头部向下低垂并伴有合眼动作，表示对谈话内容没有兴趣。②交谈过程中讲话者不断变换姿势并伴有摇晃动作，意味着情绪不安、甚至急躁。如果不断敲击桌面则意味着非常讨厌现在的状态，并伴有戒备心理。③谈话时伴有不时地咳嗽表示焦虑烦躁的心理状态，有时代表试图掩盖撒谎，有时是过于自信的表现，有时是怀疑和惊讶的表现。④交谈过程中，如果把眼镜摘下或拿起来将其放在耳边并双眼平视前方，意味着需要时间思考问题，如果将眼镜摘下擦拭镜片意味着烦躁或稍微休息后再战，如果用力向上推眼镜则意味着随时可能攻击对方。⑤拿着笔在空白纸上乱画，双眼不抬，若无其事的样子，说明已经厌烦了；⑥扫一眼室内的挂钟或手腕上的表，收起笔，合上本，给助手使个眼神或做个手势（也可小声说话），不收桌上的东西，也表明对所言无望，可以结束谈判了。

（三） 商务谈判特殊的语音现象

在谈判的整个过程中，语速、停顿等是语言表达中不可缺少的部分。

1. 语气现象

同样一句话，语气不同，所赋予的含义也不同。掌握谈判优势的谈判桌上的赢家都善于掌握声音语气。当需要向对方施加压力时，通常需要采取一种低调但却自信的语气。一方面显示不是强行逼迫对方接受，另一方面可以诱使对方理解己方的现状。

2. 语调现象

谈判者使用不同的语调，可以表达出各种错综复杂的感情。一句话用十种不同的语调来念，就会有十种不同的表达效果。因此，在谈判中可以通过对方说话声音高低抑扬的变化来窥探其情绪的波动。谈判者在讲话时要充分利用不同的语调变化，根据需要表达的不同内容，变换不同的语调。这样，谈判语言层次分明，感染力极大加强。

3. 语速与节奏现象

语速对表达效果影响很大。语速过快，对方听不清楚。语速过慢，又会使对方难辨主次，而且觉得犹豫，沉重。在谈判中语速过快或过慢都是不好的。涉及问题的重点和比较深奥难懂的内容，应放慢语速，增强音量；如果是浅显易懂或本身节奏明快的内容，应加快语速，放轻音量。

节奏是音量的大小，强弱、音调的高低升降。节奏过于缓慢，很难引起对方的注意和兴趣，常使对方分心；节奏过快，很难使人立即接受并理解其具体真正的含义，给信息沟通带来麻烦，所以节奏技巧的处理是让它有张有弛，有抑有扬。该平和的地方就放慢节奏，娓娓道来；展示气度胸怀时，就要有高屋建瓴的气势，使整个话就如同一首好听的歌一样和谐。

4. 重音现象

重音就是说话时着重突出某个字、词以示强调。在谈判中，为了引起对手的注意，加深对手对所讲内容的印象，就必须在叙述的过程中重读某些词句。通过重读，使叙述听起来音调高低起伏、抑扬顿挫，从而收到良好的效果。

5. 停顿现象

停顿是因内容表达和心理、生理的需要而在说话时所做的间歇。一般来讲，如果说话者要强调谈话的某一重点时，停顿是非常有效的。试验表明，说话时应当每隔30秒钟停顿一次。一是加深对方的印象，二是给对方机会，对提出的问题做出回答或加以评论。当然，适当的重复，也可以加深对方的印象。有时，还可以运用加强语气，提高说话声音以示强调，或显示说话的信心和决心。这样做要比使用一长串的形容词效果要好。

总的来说，语音的停顿、升降、快慢并不是互相孤立的，它们是密切联系、相互渗透、同时出现的，它们的使用也必须从谈判语言运用的实际出发，灵活地加以变化，从而有效地增强语言的说服力和感染力，起到促进谈判双方间相互沟通的作用。

第六章　商务谈判的语言艺术与博弈

第一节　商务谈判报价、讨价与还价中的语言艺术

一、商务谈判磋商的原则

双方经过开局阶段的热身后，谈判就进入了磋商阶段。磋商阶段实际上是一个报价—讨价—还价的过程。在此谈判阶段，谈判人员要遵循以下四个准则。

（一）商务谈判磋商的气氛原则

在谈判磋商阶段一定要保持和平、友好的谈判氛围。在进入磋商阶段之后，双方会根据对方的报价进行辩论，根据报价提出自己的疑问，进行质疑、指责或是拒绝。双方在针锋相对时还会出现激烈的争论，乃至冷场的现象。如果这时谈判双方某一方突然之间不再微笑，语言生硬，面部冷峻，那么便会破坏一开始就营造出来的轻松友好的氛围，降低谈判双方的信任感，使谈判的氛围变得紧张对峙，因此，即使争论再激烈尖锐，也要营造出轻松愉悦的氛围，使双方保持轻松平和的状态，促使磋商阶段持续完成。①

（二）商务谈判磋商的次序逻辑原则

次序逻辑准则是指把握磋商议题内含的客观次序逻辑，确定谈判目标启动的先后次序及谈判进展的层次。

谈判双方在磋商阶段一定要抓住磋商重点。因为在讨价还价的过程中，双方会有很多的议题需要谈论，如果不将这些议题的重点与非重点梳理出来便会杂乱无章。每个人都可以想说什么就说什么，降低谈判效率，导致整个谈判过程秩序

---

①毛晶莹. 商务谈判[M]. 北京：北京大学出版社，2010.

混乱。所以谈判双方可以先挑选出重要的议题进行讨论，这个重要的议题要根据内在的逻辑关系进行排列，然后再按照所排列的顺序逐一进行磋商。对后面议题产生决定性的作用。关键议题达成双方共识之后，再继续辩论以后的问题。也可以先讨论可能会达成共识的议题，将双方分歧比较大、意见相左的议题放到后面去讨论。这种议题分类的方法也可以用于某一个具体的议题，这是因为再小的议题也有自己的逻辑顺序。比如说价格涉及回收率、比价、市场供求、成本等多方面内容，可以先挑选容易说服对方的、更容易讲清楚的内容作为谈判的切入点，避免了谈判一开始就谈论一些无法清楚的问题了，影响谈判的顺利进行。

（三）商务谈判磋商的掌握节奏原则

保持平稳冷静的谈判节奏是磋商阶段重要的因素。这个阶段是双方对峙，相互抗衡的阶段。谈判双方都要努力争取自己最大的权益，使对方能够妥协让步。所以有分歧的议题需要多次的争辩才能够逐渐达到双方意见的一致，尤其是一些核心问题经过一轮辩论是无法达成共识的，需要多次谈判才能够真正解决。通常在磋商的初始阶段，双方有都有充分的时间和耐心，聆听对方的观点，去了解双方分歧所在，整体的谈判节奏会比较慢一些，再涉及关键问题的时候节奏便会加快，双方会为了争取自己最大的利益不会轻易让步时，整个谈判环节进入僵持状态。所以谈判双方在这个阶段一定要沉下心来，避免急躁行为，要循序渐进，逐层深入，一旦出现机会便咬住不放，使整个谈判节奏逐渐加快，使谈判双方的意见分歧逐渐统一。

（四）商务谈判阶段的沟通说服原则

磋商阶段就是谈判谈判双方沟通信息、努力说服对方、进行自我说服的过程。在这个阶段，要想使对方心悦诚服，就要进行充分有效的沟通，使整个谈判进程积极有效。谈判人员要做到善于沟通，这种沟通是多方面和双向。沟通的多方面不仅仅是要涉及双方的交易条件，还要努力去沟通双方的信念、理由、情感、期望。双向沟通是指要努力传达自己的观点，也要努力去倾听别人的观点，使双方能够得到积极有效的沟通。谈判人员还要提高说服别人的能力，要充满信心，给对方以强大的支持信念，表明自己愿意帮助对方解决困难的决心，使对方感觉到这样的合作是一个真正的双赢行为。说服的最高准则就是寻找两人共同点，使双方的分歧逐渐统一，实现两者共赢的谈判局面。

二、商务谈判磋商影响报价磋商的因素

商务谈判涉及的交易对象不同，对价格的影响因素也有所差别。商品价格的决定因素与服务价格的决定因素有着明显的区别。影响商品价格的因素主要有以下五个方面。

（一）商品成本因素

通常情况下，成本是成交价格的最低界限。如果成交价低于成本，供应商不仅无利可图，而且是会亏损的。

（二）供求关系因素

在市场经济条件下，价格主要是由供求关系决定的。"供"是指市场上商品的供应量。"求"是指消费者有支付能力的需求。当市场上某种商品的供求基本保持平衡时，该商品的价格就会趋于稳定；当供过于求时，价格就会下降；当供不应求时，价格则会上升。

（三）市场竞争环境因素

市场竞争环境可以分为完全竞争、完全垄断、垄断竞争以及寡头垄断四种模式。不同的市场竞争环境对价格的形成会产生不同的影响。

第一，完全竞争。完全竞争是指市场上不存在任何垄断势力，买卖双方可以完全自由地从事各种经济活动的市场竞争环境。在这种市场环境中，商品的成交价格和数量是在多次交易中自然形成的。

第二，完全垄断。完全垄断是指某种商品的销售完全由一个卖主单独控制的市场环境。在完全垄断市场中，商品的交易价格和数量完全由垄断者决定。

第三，垄断竞争。垄断竞争是介于完全竞争与完全垄断之间的市场环境。垄断竞争市场具有以下四个特点：①有许多买主和卖主；②不同卖主所提供的商品存在差别；③少数卖主在一定时间内处于优势地位；④买卖各方在市场活动中都受到一定的限制。

第四，寡头垄断。寡头垄断是指由少数几家大企业控制并操纵某种商品生产和销售的市场环境。在寡头垄断市场上，商品的价格不是由市场供求状况决定的，而是由大企业以其共同利益为基础，通过契约和合同来决定的。

（四）相关服务因素

商品的销售一般都伴有相关的服务，如设备安装调试、人员培训、产品维修、技术咨询、零部件供应等。

（五）消费心理因素

消费者在确定自己愿意对某商品支付价格时，各种心理因素的影响是十分明显的。

三、商务谈判磋商的讨价磋商

在商务谈判中，由于双方对谈判结果的期望值有所不同，在初期报价上的差异多少总带有一些技术上、策略上的考虑，当交易一方发盘之后，双方通常不会很快就有关问题达成一致。事实上，参与谈判的任何一方都既想竭力降低对方的期望值，费尽心机挑剔对方的报价，不厌其烦地指出对方报价的不合理之处，同时又想尽力维护己方的立场，反复阐述己方的理由，说服对方接受己方的方案。因此，另一方往往不会无条件地接受对方的发盘，而且总是会提出"重新报价"或"改善报价"的要求，也就是"再询盘"，俗称"讨价"。发盘方在接到或听到对方的要求后，修改了报价或未修改报价，又称对方发盘，如果对方发盘即视为"还盘"，俗称"还价"。如果受盘方接受报价，或讨价方降低要求，即称为"让步"。

由此可见，"讨价还价"有3层含义：一是讨价；二是还价；三是双方经历多次的反复磋商，一方或双方做出让步，从而促成交易双方达成一致意见。

归根结底，谈判人员要想有效地维护己方的利益，就必须充分了解对方报价的依据，让对方说明其报价的结构和报价各组成部分的合理性，然后再对照自己的报价依据，分析双方到底在哪些环节上存在差距，搞清楚为什么会存在这种差距。

如果双方的报价都是合理的，就说明现存的差距也是合理的，己方可以向对方指出这一实际状况，争取双方各自做出相应的让步，以求一致。如果对方的报价在合理的范围内，而己方的计算却有较多的水分，那么，己方就应该考虑是否有必要仍坚持原来的立场，特别是在对方已发现己方报价的不合理之处，并提出质询的时候，己方最好主动做出让步，以求进一步协调。如果对方的报价相对己方来说，有更多的不合理之处，那么，己方就有必要向对方明确指出不合理之所在，并拿出足够的证据来证明。此时，只有可公开的、可靠的证据才能让对方做出让步，当然这一过程也需要谈判人员的说服技巧。如果双方的报价都存在明显的水分，那么，己方适当调整报价，并邀请对方回归到相互信任、诚意合作的轨道上来，不啻是一种明智的选择。

（一）讨价的类型划分

在谈判中，讨价的方式基本上分为两种：笼统讨价与具体讨价。笼统讨价是从总体条件上或从构成技术或商业条件的所有方面提出重新报价要求。具体报价则是就分项价格和具体的报价内容要求对方重新出价。两种方式各有其用，而且应视具体条件而用。

1. 笼统讨价

笼统讨价经常用于对方报价后的第一次要价，从宏观的角度去压价，笼统地提出己方的要求，而不泄露己方已经掌握的准确材料。对方为了表现出良好的态度，可能调整价格，这样就可以循序渐进地往下谈。

2. 具体讨价

具体讨价通常是在对方第一次改变价格之后运用。例如，那些水分较少、内容简单的报价，一般要提出有针对性的、要求明确的讨价。通常应该从水分最大的那个交易条件开始讨价。具体讨价的策略是就分项价格和具体报价内容要求对方重新报价。具体讨价的关键在于准确性与针对性，而不是将自己的材料(调查比价的结果)全部都端出来，在做法上是将具体的讨论内容分成几块。划分方法可以按内容分，如可划分为运输费、技术费、设备条件、保险费、技术服务、资料、培训、支付条件等；也可以按评论结果划分，如以各项内容的水分大小归类，将水分大的放在一类，将水分小的放在另一类。分块、分类的目的是体现"具体性"，提高准确性。

比如，某高压硅堆生产线的报价，按分块原则划分，包括生产线设备、备件、生产试车和试生产用的关键或全部原材料费用；软件包括技术经费、技术资料、商务联络、技术培训、技术指导、合同条件等。在这两大块内容中，又可以按其水分大小继续分类。以硬件为例，既可以对设备、备件、原材料三者本身所包含的内容予以评论、区别，并且依次讨价，也可以设备为主，将该生产原设备报价分为前工序(即制作硅片的加工部分)设备、中间处理(即制作硅片的清洗和化学处理部分)设备、后工序(即芯片的分割、烧结、封装部分)设备等三块。相比之下，中间处理的设备价格相对较高，后工序设备其次，前工序设备，因其通用设备较多，其价格比较合理。

(二) 讨价的基本技巧

讨价时，谈判人员首先要对报价进行评价或评论，以此来支持自己的讨价要求。在对方改善报价之后，己方也要相应对其做出新的评价，以便决定是否需要再次进行讨价。此外，讨价的次数服从于讨价的目的，同时也会受到心理因素的限制。当讨价是按不同部分具体进行时，那么每一部分至少应讨价一次，在对方就该部分改善要价，和己方达成一致后再往下进行，否则宁可原地不动，继续讨价，也不可草草而过。谈判人员在每次讨价时不要忘了这次讨价的目标，在对方的每一次改价之后要衡量一下对方的价格和态度，适当改变讨价的攻击点，直到达到目标为止。

归纳起来，讨价有三个基本技巧，即次序选择技巧、讨价与讨价间的衔接技巧以及讨价力度技巧。

1．次序选择

讨价总是在价格评论之后进行，讨价以价格评论的次序为其次序是讨价次序选择的首选方法。除此之外，还应当按照效益原则进行讨价，从效益这一大处着手。也就是说，选择的依据有两个根本的条件：评论之序与效益之序。一旦偏离这两个根本条件就不可能有高效的讨价。

2．讨价与讨价间的衔接

由于讨价不限于一次，因此就存在着对同一讨价目标多次讨价之间的衔接问题。多次讨价的基本模式是"讨价—改善后的新价—讨价"，也就是在一次改善价格后有一个新的评价。在这一新的评价过程中通常要涉及两个技巧，即转题和深入讨价。当对手比较诚恳，价格改善明显靠近新的评价水平时，谈判人员可以用带保留的肯定将讨价转向新的类别；而当对手态度欠佳，价格改善不大，尚存在很大的水分时，便可以用新的评论将讨价转向深入。

3．讨价力度

谈判人员在讨价时，从评论到要求，以及时间安排上都有一个力度因素。讨价力度是讨价时刻固有的技巧，这一技巧具体表现为以下三种不同做法：①虚者以紧——对于虚头大、含水分高的对手，谈判人员的讨价力度要紧逼不放，紧紧压住，对手方可出"水"变实；②蛮者以硬——对于蛮横的对手，讨价态度要强硬；③善者以温——所谓善者，是指那些成交心切或交易诚心的对手；在谈判的讨价阶段，大凡认为要求合理，或者自己也有力量做到的条件，都会积极配合的谈判对手。对于这一类谈判对手，应采取温和的做法。

总的来说，由于讨价是伴随着价格评论进行的，故而讨价应本着尊重对方和说理的方式进行；又由于讨价不是买方的还价，而是启发、诱导卖方降价，所以讨价实际上是为接下来的还价做准备。

四、商务谈判磋商的还价磋商

经过激烈的讨价回合之后，谈判就进入还价阶段。实际上，还价就是评论与讨价之后，被讨价人向讨价人要求给出具体价格意见，而讨价人对此要求做出具体回应方案的行为。

（一）商务谈判磋商的还价方法

在商贸谈判中，谈判人员需要针对对方的报价策略和方式，进行相应的还价。具体地说，还价的策略主要有三种：比照还价法、反攻还价法和求疵还价法。

1．比照还价的方法

比照还价法是在谈判过程当中经常用到的一种方法。谈判的一方借助参考价格来分析对方报价，在一定幅度内升降价格来进行还价的方法。使用这种方法还要具有两种前提。

一是要了解对方的底细，明白对方内心的期望，才能够深入了解对方的真正需求，并需要从几个方面进行考量，首先是要了解报价的原因和根据；其次是要仔细考核对方所报价的所有条件；再次要了解对方在交易条件上有多大的让步程度。

二是深入探究对方的实力。在谈判过程当中，各种局势和分析应该从几个方面进行考量。第一，对方的报价条件当中哪些是重要的，哪些是次要的。哪些条件能够让对方进行价格上的让步；第二，确定可能会产生成交的价格范围；第三，在对方的报价当中，哪些条件是必须要实现的，哪些是希望实现的。第四，怎样才能够使对方的要求获得满足，使自己利益和双方利益能够共赢；第五，在价格和其他条件上双方的实力是怎样的；第六，在自己还价的过程当中，哪些条件是对方不能接受的，哪些是对方能够接受的。

比照还价法通常适用于买方或谈判实力不太雄厚、对价格掌握不很明了的一方，因此谈判人员在运用比照还价法时要注意如下问题。

一是确定讨价还价的具体方式。通常来说，要根据对方的报价来重新确定价格，使双方提出自己的条件，谈判双方根据价格来判断交易是否顺利进行。一般不在总价上还价，而是从三个方面进行切入。第一，按照先易后难的原则逐一还价。第二，重新报价改善的明显部分先还盘；第三，差距小的部分先还价。

二是要有一个准确的还价起点。还价是决定谈判能够成功的关键因素。如果自己的还价能引发对方的热情和兴趣，那么谈判的成功率就会很高。相反，如果还价的价格不合适，很容易引起谈判对方的反感情绪，使谈判进程不顺畅。因此谈判人员要慎之又慎地决定还价的起点。主要考虑到以下四个方面因素。第一，卖方改完之后的报价和买方拟定的成交方案两者之间的差距是多少；第二，买方的还价次数；第三，买方价格讨价之后，卖方的价格改善了多少；第四，交易商品的真正成本。

三是确定还价的时间。妥善利用还价时间会直接影响最终的谈判结果。谈判时间要讲究合适的时机，如果时机掌握的恰当，那么价格会有新的变化。相反，那么价格就会向相反方向变化。在确定正确时机的时候要从两个方面进行考量，第一，摸准情况之后再还价，也就是卖方价格改善之后来作为还价的前提，通常来说就是让对方先出价，自己再还价，对方进行调整后，自己再调整，然后使双方利益逐渐统一。第二，要选好准确的时机，给对方留下一种无可奈何又不得不做出选择的假象，让对方有时间做出新决定。

当谈判的一方遇到对方采用比照还价的策略时，具体的破解方法有两点：第一是以退为进，变主动为被动。具体做法是，通过一连串的反问探询对方还价的根据，努力摸清对方的价格目标，从而确定其最高目标、理想目标及最低目标，做到心中有数，不轻易让步。

第二是如果买方还价太低，胡乱杀价，谈判人员可以用比较激烈的情绪表达自己的不满，或者报以长时间的沉默，摆出一副可谈可不谈的架势，以此来迫使对方做出较大让步，重新还价。

2. 反攻还价的方法

反攻还价法是一种还价的策略方法，对对方的报价进行全部否定或者是部分否定。使用这种方法要具备以下几个条件，第一，对方没有谈判经验，不了解价格，不了解对手；第二，对方出的价格不合理，虚报成分太高。在使用反攻还价法的时候，应该考虑到以下几个方面。

第一，准备好反攻材料，根据对方的报价和自己所掌握的材料进行分析，估算出对方报价的水分程度，理解对方报价的真实意图，然后制定出行之有效的反击方案。

第二，明确反攻策略。先选取对方水分最大的报价开始攻入，这是自己所获取的最大反攻论据，然后以此为切入点，逐渐扩大到整个报价方案，从而赢得了报价制高点。

第三，做好反攻的实施安排。对所面临的问题进行分析整理，分清轻重缓急，进而设计出相应的对策。通常的做法是列出问题表格，并以此为依据与对方交涉。表格主要有以下两种：①提问表。它是一种依据谈判议程及接洽谈判时间先后，将所要提及的问题排列成序以备使用的表格。提问表的优点是能使谈判人员心中有数，准确掌握在什么时候应该谈什么问题；②实施要点表。它是一种谈判双方把即将质询对方的主要问题分别一一列出后，加以解答的表格。

第四，要有理有据地反驳对方的报价，不做无中生有的无谓攻击，也不能进行人身攻击，态度应友好温和。

在谈判中，一方如果遇到对方采用反攻还价的策略时，具体的破解方法有如下两种。

第一种，当卖方的报价被买方全盘推翻时，卖方应设法诱使对方"乘胜追击"，一旦对方还价过分时，卖方就可以变守为攻。不过，要切忌重蹈覆辙。比如，不要拿出一个同样不合理的方案，然后以其人之道还治其人之身，以这种方法谋求谈判的主动权往往会适得其反。

第二种，卖方后发制人，以谦虚求教的态度请求买方拿出方案，而后对对方的方案进行挑剔、驳斥，变被动为主动，引导对方向己方的立场靠拢。

3．求疵还价的方法

求疵还价法是还价当中的一种重要的策略方法。谈判一方吹毛求疵，夸大部分问题来否定对方全部报价的行为。主要取决于两种前提：第一，谈判的对手没有什么实践经验；第二，对方报价确实存在着夸大问题，但都属于细枝末节、无伤大雅的问题。

从现实层面来说，世界并不存在完美无瑕的事物。再完美的东西，经过挑剔眼光之后也会出现问题。谈判方如果想要还价，就应该揪住商品当中的某一种缺陷使劲夸大，使对方把价格降低，使自己占据还价的制胜点。具体要注意以下几点。

第一，买方必须掌握与对方商品有关的技术知识，才能对对方商品"吹毛求疵"，才能对问题挑到点子上，使对方心服口服。如果买方能对对方商品挑出一大堆毛病来，如从商品的性能、质量、款式、色泽等方面找出瑕疵，必会对对方的商品价格形成较大的压力。

第二，在挑对方的商品毛病时，切忌面面俱到。如果买方抓不住重点，击不中要害，不但不足以说明问题，而且还会引起对方的怀疑，以为是在故意刁难，从而影响谈判的气氛和进展。

第三，买方对一些优质产品、名牌产品不能一味贬低。如果对这些商品贬低过火，很可能会激怒对方。

第四，面对谈判对手，不可直率地表露出己方的愿望或动机，而要保持若即若离的态度，这样可以使对手处于焦虑不安的状态，有助于己方把握谈判的主动权。

在谈判中，若遇到对方采用求疵还价的策略，可采用以下方法破解。

第一，沉着耐心。虚张声势的说法和不切实际的要求，会随着时间的推移，自然而然地露出马脚来，并且会渐渐地失去其影响力。

第二，对某些非关键性的问题和要求，要能避重就轻或视若无睹地一带而过。

第三，当对方节外生枝，或者故意挑剔、提出无理的要求时，必须及时提出抗议。

第四，不要节外生枝，提出和关键问题无关的话题，给对方提供一个切实可行的办法。

第五，不要随意让步，不要让对方捡到便宜。因为对方的要求有时候是幌子，只是为了削弱我们的信心，所以不要随意答应对方的要求。而且卖方也可以提出一个虚头巴脑的问题来使自己更加自信。

(二) 商务谈判磋商的还价技巧

还价方式通常分为从动式与主动式两种。从动式是指依讨价方式而给出还价。

主动式是指按还价人的谈判策略而制定还价方式。此外，还价方式还可以分为总体还价和具体还价两种。总体还价是指对全部价格条件的总和进行还价。具体还价是指对所有价格内容逐项或分成若干大块还出价格建议。

从实践经验来看，谈判人员不要轻易从总体还价，就是不要一次全面还价，而应当采取具体还价的方式。同时，还价要从差距小、金额小的部分开始。例如，某个技术转让项目，卖方对技术费的讨价为 1 亿美元，对设备费的讨价为 5 亿美元。那么，买方在进行还价时就应先从金额小的技术费开始，双方在短时间内定下技术费，卖方会感到自己有利可图，再谈设备费时，买方在还价时就可以适当多压价，卖方已经拿到技术费，再谈设备费时，面对买方的压价必然会有进退维谷之感，这样谈判不易破裂。

此外，谈判人员还价还必须掌握好还价的幅度，不能因为还价的幅度大而害怕。事实上，在谈判中，200 万美元的出价，最后以 100 万美元成交的事例经常出现。这里的一个核心问题是要准确掌握对方的客观价格在什么位置。要知道，有的谈判人员为了在谈判中留有讨价还价的余地，在谈判桌上将实际成本夸大几倍的做法也是屡见不鲜的。因此，还价的一方应该既不追求压价的幅度，也不要惧怕压价太小或者太大，而应该以客观价格为主。

一般而言，还价技巧可以概括为下列四种：即振作技巧、分步集中技巧、速战速决技巧和黏合技巧。

1．振作的还价技巧

振作技巧是指还价的结果能起到振作双方谈判积极性的作用。据此，谈判人员还价应首先选择那些差距最小的部分。无论其金额多少，只要双方能在这个部分达成一致，自有振奋的效果。

2．分步集中的还价技巧

分步集中技巧是指还价时先分类然后集中的还价次序和规则。据此，谈判人员在还价时应先以分项还价为主，经过较量之后，再将交过锋(可能各部分均有所改善)的分项集中为分类价进行还价，当分类价也取得了一定的效果后，再进行总体的还价。这一次序的实质，就是分级实现还价目标。

3．速战速决的还价技巧

速战速决技巧是指抓住带有根本性，并且能够决定交易成败的部分还价，而且一还到底，也就是针对关键部分进行反复讨价还价直至决出成败为止。有时，一还到底就是将还价水平一次降到底线的价位，从而造成成败在此一举的架势，迫使对方就范。实际上，这种情况在谈判实践中并不多见。

4．黏合的还价技巧

黏合技巧是指一种策略性的还价，使对方欲罢不能，旨在促使谈判对手从企业和个人的利益出发继续谈判，非成交不能有出路。这个技巧适于在分歧不太大或者分歧虽大但容易妥协，而且具有一定分量的部分使用。谈判人员在选择该部分时，应当对双方能够达成一致有相当的把握。

（三）商务谈判磋商的让步的艺术

当谈判双方都固执地坚持自己的要求，或者双方都希望对方能做出更多让步时，谈判就会陷入僵持状态。应该说，让步是商务谈判中的普遍现象，谈判双方若是都坚持自己的原始报盘，那么合同必将无法达成，谈判中的物质利益也就无从分割。此外，在国际商务谈判中，还有一种情况也是经常发生的，就是由于谈判人员文化背景的不同、观察与思考问题的角度和方式的不同、价值评判标准的不同，加之对谈话内容翻译得不够准确，有时不免会使谈判处于僵持状态。也就是说，很多分歧都是由于沟通中的障碍引发的。这就要求谈判人员更好地掌握相互沟通的艺术，消除偏见与翻译中的歧义，使双方重新以合作的态度进行磋商。

在上述两种情况下，准确分析双方要求的差距以及各自的实力，其中一方主动做出让步是十分必要的。实际上，能首先做出这种姿态的一方，并不是无能与软弱的表现；相反，善于审时度势而做出妥协恰恰是谈判人员成熟的表现。

双方为了达成谈判的和谐一致，要做出适当的让步，这也是双方必须承担的义务之一。双方都要明白自己谈判的目标，为了这个目标可以做出哪些程度的让步。让步并不是一种退让，而是一种适当的策略。它能够使对方感受到自己的诚意，以满足对方的需要来完成目标。

1. 让步艺术的基本原则

从商务谈判双方的利益属性进行分析，大致有以下三种对话沟通的形式。

第一种，谈判双方的利益目标完全一致，通过谈判来协调双方的计划和行为方式，从而形成合力或谋求相互之间的更好配合。

第二种，谈判双方的利益目标不同，通过谈判协调，在不同程度上满足双方的需要，以便形成利益互补。

第三种，谈判双方的利益目标相对，通过谈判缓和相互间的对抗，寻找各自的利益目标。

上面三种利益妥协的方式都是以双方拥有共同的利益追求点为基础，谈判双方要互相尊重对方，从对方的利益考虑出发而做出适当的让步。如果坚持自己的观点，只一味追求自己的利益目标，没有丝毫的退让行为，那么谈判分歧也就不可避免存在，双方也无法缓和。在商务谈判当中，有时候双方利益目标即使一致，也会存在着诸多矛盾，比如说长期和近期之间的矛盾、主要和次要之间的矛盾、整体和局部之间矛盾，反而使力量无法集中。因此战略谈判的战略目标要求在谈判当中要做出适当的让步。

适当的让步行为会使商务谈判的过程更加顺利，使双方的利益冲突得到缓和。可以在谈判的各个阶段使用这种策略。如果谈判人员想要使用让步策略要注意以下几点。

第一，目标价值始终最大原则。在商务谈判的过程当中，很多谈判并不是拥有一致的目标，所以谈判人员在处理这些目标的过程中，要面对各种目标进行冲突的现象。谈判是为了追求利益最大化的过程，但是这并不意味着所有的目标都能够实现最大化的利益。应秉承商务谈判的平等公正原则，使用让步策略实现不同价值的目标。

不可否认，在实际谈判过程中，不同目标之间的冲突是时常发生的，但是不同的目标，其价值的重要性以及紧迫程度也是各不相同的，所以谈判人员在处理这类矛盾时所要掌握的原则是：先在各目标之间依照重要性和紧迫性建立优先顺序，优先解决重要的目标和紧迫的目标，在条件允许的前提下再适当地争取其他目标，其中的让步策略首先就是保护重要目标价值的最大化，如关键环节的价格、付款方式等。在实践中，成功的商务谈判人员在解决这类矛盾时通常所采取的思维顺序如下：①先评估目标冲突的重要性，再分析自己所处的环境和位置，分析在不牺牲任何目标的前提下，冲突是否可以得到解决；②如果在冲突中必须有所选择的话，将主目标和次目标区分开来，以保证整体利益的最大化，但同时也应该注意目标不要太多，以免顾此失彼，自造混乱，给谈判对手留下可乘之机。

第二，刚性原则。在商务谈判的过程中，每个人都在追求最大化的利益，也在对自己有可能做出的让步有心理预期。也就是说在谈判的过程当中，每个人所能够让出的程度都是有限的。因此在使用让步策略的时候是有条件的，在运用的时候先从小范围开始，然后扩大到更大范围。一旦让对方感觉到让步力度减小，那么以前的让步也就没有了意义。同时谈判的一方对于让步的一方也会产生心理预期。也就意味着同一种让步方式会慢慢失去原有的效果。还应该注意到，谈判对方的让步需求是没有边界的，不能被他们逼得退无可退。谈判人员还要意识到让步策略运用是要有限度的，即使拥有丰富资源，也不能为了完成谈判而让对手获取更多的利益。要知道有时候即使做出很大的让步，也无法获得预期中的让步回报。谈判人员在遵循刚性原则时必须注意以下几点：①谈判对手的需求是有一定限度的，而且也是具有一定层次差别的，因此让步策略的运用也必须是有限的、有层次区别的；②让步策略的运用效果是有限的，每一次的让步只能在谈判的一定时期内起作用，也就是说，让步是在针对特定阶段、特定人物、特定事件的情况下起作用的，不要期望通过让步来满足对手的所有意愿，对于重要问题的让步必须严格控制；③时刻对让步资源的投入与效果的产出进行分析比较，必须能够做到让步价值的投入小于所产生的积极效益。而且在使用让步资源时，一定要有一个所获利润的测算，清楚知道需要投入多大比例才能保证所期望的回报。

第三，时机原则。这种原则要求在合适的时间、合适的地点、合适的场所做出适当的让步，使让步所起的作用最大、最佳。适当的让步时机说起来容易，但在谈判过程中却非常难以把握。这主要有以下两方面的原因：①时机难以判定。比如，在谈判开局阶段，当谈判对手提出的要价并不太高时，己方本来可以通过让步或许就能促成谈判尽早结束，但谈判人员却犹豫不决，唯恐因自己让步过早而使对方得寸进尺，不能保证己方利益的最大化；②谈判人员对于让步的随意性导致时机把握不准确。在商务谈判中，谈判人员通常仅仅根据自己的喜好、兴趣、性情、成见等因素使用让步策略，而不顾及所处的场合、谈判的进展情况以及发展方向等，不遵从让步策略的原则、方式和方法。这种随意性必然导致让步价值缺失、让步原则消失，进而在无止境的利益诱惑下使得对方的胃口越来越大，而自己则在谈判中一步步丧失主动权，最终导致谈判失败，所以谈判人员在使用让步策略时千万不可随意为之。

第四，清晰原则。即让步的标准、对象、理由、具体内容和实施细节应当准确明了，以避免因为让步而导致新的问题和矛盾的出现。常见的问题主要有以下两个方面：①让步的标准不明确，使对方感觉到自己的期望与己方的让步意图出现了错位，甚至感觉没有在某个问题上做出让步而含糊其辞；②让步的方式、内容不清晰，不能让对方明确感觉到所做出的让步，不能激发出对方的反应。

第五，弥补原则。在己方再不做出让步就有可能使谈判夭折的情势下，谈判人员要把握住"此失彼补"这一原则。也就是这一方面(此问题)己方给了对方优惠，但是在另一方面(或其他地方)己方必须加倍地，至少均等地获取回报。当然，在谈判时，如果发觉此问题己方若是做出让步便可以换取彼处更大的好处时，也应该毫不犹豫地给予让步，以保持全盘的优势。

在商务谈判中，为了达成协议，适度的让步是很有必要的。成功的让步策略可以起到以牺牲局部的小利益来换取整体利益的作用，有时甚至可以达到"四两拨千斤"的效果。

2. 让步艺术实施步骤和让步前的选择

商务谈判中的让步应该是有计划的，也就是说，在谈判的准备阶段，让步应当成为整个谈判方案的一个组成部分。让步应该是可控的，应该是为谋取或把握谈判主动权服务的，因此应特别注意让步的步骤与方式。

明智的让步，实际上是一种非常有力的谈判工具。让步的基本哲理是"以小换大"，谈判人员必须把以局部利益换取整体利益作为让步的出发点，把握好以下步骤。

第一，要明白谈判的整体利益。在准备阶段当中，谈判人员就要明白这一点。可以从两个方面来确定：第一，确定自己可以接受的最低条件，也就是自己所能够做出最大的让步程度；第二，明确此次谈判在双方心目中的重要程度。通常来说哪一方更看重谈判，也就意味着在谈判当中更处于弱势地位。

第二，明确让步的形式，每一种让步方式都表达让步方的态度和信息，从而会产生不同的谈判效果。在商务谈判过程当中，让步并没有固定的形式，而是由很多方式所组成的。这种组合还要具体问题具体分析，在具体实践当中进行适当的调整。

第三步，选择让步的时机。让步时机选择是否恰当与谈判能否顺利进行有着极为密切的关系。选择什么时机让步，应根据谈判的实际情况和需要而定，既可以己方先于对方让步，也可后于对方让步，有时双方还会同时做出让步。选择让步时机的关键在于使己方的小让步给对方以大满足的感受。

第四步，衡量让步的结果。主要从己方在让步后的利益得失与所取得的谈判地位，以及讨价还价力量的变化来对让步的结果进行衡量。

谈判人员在做出让步之前，首先要考虑己方的让步究竟是要满足对方哪一方面的需要，具体有下面五点。

第一，时间的选择。根据对方当时的心理需求，己方让步的时间应该选择在己方一做出让步，对方立即能欣然接受，而不会犹豫猜测之时。

第二，利益对象的选择。通过让步给予对方的公司、公司中的某个部门、某个第三者或者谈判者本人某些利益。当然，最好是将利益让给最容易引起积极反应，或者最容易带来回报的一方。

第三，成本的选择。应由公司、公司中的某个部门、某个第三者或者由谈判者本人负担成本的亏损。

第四，内容的选择。让步的内容可以使对方得到满足或者增加对方的满足感。

第五，环境的选择。谈判人员应当在对方可以感受到让步价值的场合做出让步，如进行现场比较、媒介宣传的比较等。

3．让步艺术的方法

让步的方式主要有以下八种。

第一，最后一次到位方式，也称之为冒险型。这种让步方式坚定表明自己的让步决心。在谈判的初期阶段，不管对方做出怎样的反应，都要坚持最开始的报价行为。不因对方的任何行为而使自己的报价产生变化，即使在谈判后期或者是迫于某种压力时而需要做出退让，但对方还要求退步的时候自己坚决不会让步。因为这种让步方式会让对方觉得自己没有诚意使谈判陷入对峙状态，可能会导致整个谈判过程的失败，所以这种方式是比较冒险的行为。

第二，均衡让步行为也被称之为"刺激型让步行为"。这种让步行为采用逐渐让步的方式，每一次让步的幅度大致相同，会让对方感觉到经过自己的努力就能获得自己想要的成果，但是很有可能会让对方产生更多的砍价欲望。一旦自己不再让步，就会很难让对方获得满足，从而产生谈判对峙状况。如果谈判次数比较多，且持续时间比较长，这种谈判方式便会展示出自身的优点。每一轮谈判都可以让对方感受到自己有获得了微小的利益，但是如果时间拖得很长时间便会让对方产生厌烦情绪。

第三，递增。这是一种让步幅度逐轮增大的方式。谈判人员在价格谈判中应尽力避免采取这种让步方式，因为这样做的结果会使对方的期望值越来越大，在每次让步之后，对方不但不感到满足，反而会认为己方软弱可欺，从而助长对方的谈判气势，继而诱发对方更大的欲望，要求做出更大的让步，很有可能使己方遭受重大损失。可以称之为"诱发型"让步方式。

第四，递减。这是一种让步幅度逐轮递减的方式。这种方式有两个优点：一是让步幅度越来越小，显示出己方的立场越来越强硬，也暗示对方虽然己方仍愿意妥协，但让步已经到了极限，不会再轻易做出让步了。二是可以让对方看来仍留有让步的余地，使对方始终怀着把交易继续进行下去的希望。可以称之为"希望型"让步方式。

第五，有限让步方式，也被称为"妥协型让步方式"。谈判人员在最开始的时候会做出最大程度让步，然后使整个让步的幅度慢慢减小，让对方感受到自己谈判的诚意和自己愿意为之而让步的意愿，还可以向对方表明自己已经是做了最大程度的让步，再做让步是不可能的，表明自己的坚定立场。

第六，快速让步形式也被称为"危险型让步方式"。这种方式是非常危险的。谈判人员最开始会做出大幅度的让步，但是在接下来的谈判过程当中，坚持自己的价格立场不再做出任何的让步，使自己的态度从柔软变为强硬，使对方情绪从欢喜变成忧愁，再从忧愁变成欢喜。这种策略是一种非常巧妙的策略。开始的巨大让步会增强对方的购买欲望，但是接下来的坚决不让步会使这种购买期望大大降低。这是一种非常讲究技巧的方法。它在向对方表明，即使再用力讨价还价也是无用功。这种方法具有一定程度的危险系数，一开始提高了对方的期望，使对方在短时间内又降低期望，使对方难以适应，从而使谈判陷入僵局，还会使自己丧失在高价位成交的机会。

第七，退中有进。这是一种让步方式，也是一种让步策略，因为退中有进巧妙地操控了对方的心理。具体的操作方法是：第一轮先做出一个很大的让步，第二轮让步已经到了极限，然而在第三轮却安排一个小小的回升(一般情况下对方不会接受)，然后在第四轮再做进一步退让，这升升降降，实际让步总幅度并未发生变化，却能够使对方得到一种心理上的满足。可以称之为"欺骗型"让步方式。

第八，一次性。这种让步方式，是在谈判一开始，就把己方所能做出的让步和盘托出。此举不仅会大大提高对方的期望值，而且也未给己方留出丝毫的余地。接下来的完全拒绝让步，不免会显得既缺乏灵活性，又容易使谈判陷入僵局。因而可以称之为"低劣型"让步方式。

谈判是一个循环的过程。每一阶段的谈判，每一次双方重新坐到谈判桌前，每一点分歧的消除，都要经历一个由分析准备到营造融洽谈判气氛，再到进行实质性磋商，最后再到意见达成一致的过程。每一次这个过程的完成，都是对整个谈判朝着双方最终达成合同的方向发展的一次重要的推动。比如，一个项目的谈判过程就是由许多个可以相对独立的、更小规模的谈判组成的，也只有通过它们的循环推进才能最终实现项目的合作成功。

第二节 商务谈判语言博弈中的 "问""答""叙""辩"博弈

商务谈判中，商务谈判人员还必须会"问"和会"答"，掌握"问"与"答"的技巧。

一、商务谈判中"问"的

商务谈判中，如何"问"是很有讲究的。重视和灵活运用发问的技巧，不仅可以引起双方的讨论，获取信息，而且还可以控制谈判的方向。到底哪些问题可以问，哪些问题不可以问，为了达到某一个目的应该怎样问，以及问的时机、场合、环境等，确实有许多基本常识和技巧知识需要了解和掌握。为了使谈判人员能够灵活、艺术地运用问的技巧，我们从问的方式谈起。

（一）发问的方式

谈判中的发问有以下几种方式。

1. 澄清式发问

这是针对对方的答复，重新措辞；以使对方进一步澄清或补充其原先答复的一种问句。如："您刚才所讲的没有变化，是不是指我们的合作方式？"澄清式问句的作用就在于：它可以确保谈判各方能在叙述"同一语言"的基础上进行沟通；它还是针对对方的话语进行信息回馈的有效方法，是双方密切配合的表现方式。

2. 强调式发问

强调式发问旨在强调自己的观点，强调本方的立场。如："这个协议不是要经过公证之后才生效吗？""怎么能够忘记我们上次合作得十分愉快呢？""按照贵方要求，我们的观点不是已经阐明清楚了吗？"

3．探索式发问

这是针对对方的答复，要求引申或举例说明，以便探索新问题、新方法的一种发问方式。比如："这样行得通吗？""你说可以如期履约，有什么事实可以说明吗？""假设我们运用这种方案会怎样？"探索式发问不但可以进一步发掘较为充分的信息，而且还可以显示发问者对对方答复的重视。

4．间接式发问

间接式发问是一种借助第三者的意图来影响或改变对方意见的发问方式。比如："某某先生对你方能否如期履约关注吗？""某某先生是怎么认为的呢？"这种含有第三者意见的问句。第三者必须是对方所熟悉而且是他们十分尊重的人，这样在使用这种问句时对对方将产生很大的影响力；否则，运用一个对方不很知晓且谈不上尊重的人作为第三者加以引见，反而会引起对方的反感。

5．强迫选择式发问

这种问句旨在将本方的意见抛给对方，让对方在一个规定的范围内进行选择回答。比如："只有今天我有空，你说上午还是下午？""原定的协议，你们是本周实施，还是下周给我们答复？"需要注意的是，在使用强迫选择式发问时，要特别注意语调温柔、措辞得体，以免给对方留下专横跋扈、强加于人的不良印象。

6．证明式发问

证明式发问旨在通过己方的提问，使对方对问题做出证明或理解。比如："为什么要更改原已订好的计划？""请说明道理好吗？"

7．多层次式发问

这是含有多种主题的问句，即一个问句中包含有多种内容。比如："贵国当地的水质、电力资源、运输状况以及自然资源情况怎样？""你是否能就这协议产生的背景、履约情况、违约的责任以及双方的看法和态度谈一谈？"这类问句因含过多的主题而致使对方难以周全把握。许多心理学家认为，一个问题最好只含有一个主题，最多也不能超过两个主题，才能使对方有效地掌握。当然，在有一定目的的情况下，也可以灵活地掌握，比如在发问时可以超过三个以上的主题。

8．诱导式发问

这种问句旨在开渠引水，对对方的答案给予强烈的暗示，使对方的回答符合己方预期的目的。比如："贵方如果违约是应该承担责任的，对不对？""已经到期了，不是吗？"这类问句几乎使对方毫无选择余地地按照发问者设计好的答案作答。

需要指出的是，谈判的任何一方都要避免使用盘问式或审问式的问句；当然，威胁或讽刺的问句就更应该回避，以免影响双方关系。

有一次，华盛顿家里丢了一匹马，他获悉是一位邻居偷走了，就同一位警官去索要，但邻居却声称那是他自家的马。华盛顿灵机一动，走上前去，用双手捂住马的眼睛，然后对邻居说："告诉我，你的马哪只眼睛瞎了？""右眼。"邻居答道。华盛顿放开蒙右眼的手，马的右眼并不瞎。"我说错了，马的左眼才是瞎的。"邻人急着争辩道。华盛顿放开蒙左眼的手，马的左眼也不瞎。"我又说错了……"邻人还想狡猾地辩解。"是的，你错了。"警官说："已经证明马不是你的了，你必须把它还给华盛顿先生。"

华盛顿的高妙之处在于，他的问话里"马的哪只眼睛瞎了"隐含着"这匹马有一只眼睛是瞎的"这样一种假定；邻人相信了这种假定，瞎猜一气，结果自露马脚。

（二）"问"的要诀

为了获得良好的提问效果，需掌握以下发问要诀。

1．应该预先准备好问题，以期收到意想不到的效果

有些有经验的谈判人员．往往是先提出一些看上去很一般并且比较容易回答的问题，而这个问题恰恰是随后所要提出的比较重要的问题的前奏。这时。如果对方思想比较松懈，突然面对我们所提出的较为重要的问题，其结果往往是使对方措手不及，从而收到出其不意的效果。因为，对方很可能在回答无关紧要的问题时即已暴露其思想，这时再让对方回答重要问题，对方只好按照原来的思路来回答问题，或许这个答案正是我们所需要的。

2．在对方发言时，不要中止倾听对方的谈话而急于提出问题

在倾听对方发言时，有时会出现马上就想反问的念头，切记这时不可急于提出自己的看法，因为这样做不但影响倾听对方的下文，而且会暴露我方的意图，这样对方可能会马上调整其后边的讲话内容，从而使我们可能丢掉本应获取的信息。

3．避免提出那些不应发问的问题

商务谈判过程中提问的目的是要求对方做出回答，通过对方的回答来获取信息、发现对方需求的线索。但是并非可以随便地就任何方面提出问题。一般在谈判中不应提出下列问题：带有敌意的问题，有关对方个人生活、工作方面的问题，指责对方品质和信誉方面的问题，为了表现自己而故意提问等。

4．提出一个已经发生并且已知答案的问题

这样做可以验证一下对方的诚实程度，以及其处理问题的态度；同时，这样做也可给对方一个暗示，即我们对整个交易的行情是了解的，有关对方的信息我们也是掌握很充分的；这样做可以帮助我们决策下一步的合作。

5．既不要以法官的态度来询问对方，也不要问起问题来接连不断

要知道，像法官一样询问谈判对手，会造成对方的敌对与防范的心理和情绪。因为双方谈判绝不等同于法庭上的审问，需要双方心平气和地提出和回答问题。另外，重复连续地发问，往往会导致对方厌倦、乏味而不愿回答，有时即使回答也是马马虎虎，甚至会出现答非所问。

6．提出问题后应闭口不言，专心致志地等待对方做出回答

通常的做法是，当我们提出问题后，应闭口不言，如果这时对方也沉默不语，则无形中给对方施加了一种压力。由于问题是由我们提出，对方就必须以回答问题的方式来打破沉默，或者说打破沉默的责任将由对方来承担。这种发问技巧必须掌握。

7．要以诚恳的态度来提出问题

当直接提出某一问题而对方或是不感兴趣，或是态度谨慎而不愿展开回答时，

我们可以转换一个角度，并且用十分诚恳的态度来问对方，以此来激发对方回答问题的兴趣。实践证明，这样做会使对方乐于回答，也有利于谈判双方彼此感情上的沟通，有利于谈判的顺利进行。

8．注意提出问题的句式应尽量简短

在商务谈判过程中，提出问题的句式越短越好，而由问句引出的回答则是越长越好。因此，我们应尽量用简短的句式来向对方提问。因为当我们提问的话比对方回答的话还长时，我们就将处于被动的地位，显然这种提问是失败的。

以上几点技巧，是基于谈判者之间的诚意与合作这一命题提出来的，旨在使谈判者更好地运用提问的艺术来发掘问题、获取信息、把握谈判的方向。切忌将这些变成限制谈判者之间为了自己的利益而进行必要的竞争的教条。

二、商务谈判中的"答"

有问必有答，人们的语言交流就是这样进行的。"问"有艺术，"答"也有技巧。问得不当，不利于谈判；答得不好，同样也会使己方陷入被动。我们不能肯定地说学会了答就等于学会了谈判，但是可以肯定地说，不会回答，就等于不会谈判。可见，在某种程度上，答比问更为重要。通常，同样的问题会有不同的回答，不同的回答又会产生不同的谈判效果。有时，对方会故意提出一些尖刻的问题，旨在把对手问倒。这时，如果是较为出色的谈判人员，便会用一个妙答，使自己逢凶化吉。

谈判中的回答，是一个证明、解释、反驳或推销己方的观点的过程。为了能够有效地回答好每个问题，在谈判前，我们可以先假设一些难题来思考，考虑得愈充分，所得到的答案将会愈好。谈判中回答的要诀应该是：基于谈判效果的需要，准确把握住该说什么，不该说什么，以及应该怎样说。具体说来，在回答问题时应该把握以下要诀。

（一）回答之前，要留有思考时间

商务谈判中所提出的问题，不同于同事之间的生活问话，必须经过慎重考虑后，才能回答。有人喜欢将生活中的习惯带到谈判桌上去，即对方提问的声音刚

落，这边就急着马上回答问题，这种做法很不利。其实，在谈判过程中，绝不是回答问题的速度越快越好，因为它与竞赛抢答是性质截然不同的两回事。

人们通常有这样一种心理，就是如果对方问话与我方回答之间所空的时间很长，就会让对方感觉我们对此问题欠准备或被问住了；如果回答得很迅速，就显示出我们已有充分的准备，也显示了我方的实力。其实不然，谈判经验告诉我们，在对方提出问题之后。我们可通过点支香烟或喝一口茶，或调整一下自己坐的姿势和椅子，或整理一下桌子上的资料文件，或翻一翻笔记本等动作来延缓时间，考虑一下对方的问题。这样做既显得很自然、得体，又可以让对方看得见，从而减轻和消除对方的上述那种心理. 何乐而不为呢？

(二) 把握对方提问的目的和动机

谈判者在谈判桌上提出问题的目的往往是多样的，动机也往往是复杂的。如果我们没有深思熟虑，弄清对方的动机，就按照常规来做出回答，往往效果不佳。如果我们经过周密思考，准确判断对方的用意，便可做出一个独辟蹊径的、高水准的回答。比如，人们常常用这样一个实例来说明：建立在准确地把握对方提问动机和目的基础上的回答，是精彩而绝妙的。艾伦·金斯伯格是美国著名的诗人，一次在宴会上，他向中国作家讲了一个怪谜，并请中国作家回答。这个怪谜是："把一只五斤重的鸡装进一个只能装一斤水的瓶子里,用什么办法把它拿出来？"中国作家回答道："您怎么放进去的，我就会怎么拿出来。您凭嘴一说就把鸡装进了瓶子，那么我就用语言这个工具再把鸡拿出来。"此可谓绝妙的回答的典范。谈判人员如果能在谈判桌上发挥出这种水平，就是比较出色的。

(三) 不要彻底地回答问题

商务谈判中并非任何问题都要回答，要知道有些问题并不值得回答。

在商务谈判中，对方提出问题或是想了解我方的观点、立场和态度，或是想确认某些事情。对此，我们应视情况而定。对于应该让对方了解，或者需要表明我方态度的问题要认真回答，而对于那些可能会有损己方形象、泄密或一些无聊的问题，谈判者也不必为难，不予理睬是最好的回答。当然，用外交活动中的"无可奉告"一语来拒绝回答，也是回答这类问题的好办法。总之，我们答问题时可以自己将对方的问话范围缩小，或者在回答之前加以修饰和说明，以缩小回答范围。

（四）逃避问题的方法是避正答偏

有时，对方提出的某个问题我方可能很难直接从正面回答，但又不能拒绝回答、逃避问题。这时，谈判高手往往用避正答偏的办法来回答，即在回答这类问题时，故意避开问题的实质，而将话题引向歧路，借以破解对方的进攻。这是应付对方的一个好办法。比如，可跟对方讲一些与此问题既有关系又无太大关系的问题。说了一大堆话，看上去回答了问题，其实并没有回答，其中没有几句话是管用的。经验丰富的谈判人员往往在谈判中运用这一方法。例如，一位西方记者曾经问周恩来总理一个问题："请问，中国人民银行有多少资金？"周总理深知对方是在讥笑中国的贫困，如果实话实说，自然会使对方的计谋得逞，于是答道："中国人民银行货币资金嘛，有十八元八角八分。中国银行发行面额为十元、五元、二元、一元、五角、二角、一角、五分、二分、一分的十种主辅人民币，合计为十八元八角八分。"周总理巧妙地避开了对方的话锋，使对方无机可乘，被中国人民传为佳话。

（五）对于不知道的问题不要回答

参与谈判的人都不是全能全知的人。谈判中尽管我们准备得充分，也经常会遇到陌生难解的问题，这时，谈判者切不可为了维护自己的面子强作答复。因为这样不仅有可能损害自己的利益，而且对自己的面子也是丝毫无补。有这样一个实例，我国内某公司与美国外商谈判合资建厂事宜时，外商提出有关减免税收的请求。中方代表恰好对此不是很有研究，或者说是一知半解，可为了能够谈成，就盲目地答复了，结果使己方陷入十分被动的局面。经验和教训一再告诫我们：谈判者对不懂的问题，应坦率地告诉对方不能回答，或暂不回答，以避免付出不应付出的代价。

(六) 以问代答

商务谈判中有时可以以问代答。顾名思义，以问代答，是用来应付谈判中那些一时难以回答或不想回答的问题的方式。此法如同把对方踢过来的球又踢了回去，请对方在自己的领域内自行寻找答案。例如，在商务工作进展不是很顺利的情况下，其中一方问对方："你对双方合作的前景怎样看待？"这个问题在此时可谓十分难回答的问题。善于处理这类问题的对方可以采取以问代答的方式："那么，你对双方合作的前景又是怎样看待呢？"这时双方自然会都对此加以思考和重视，对于打破窘境起到良好的作用。商务谈判中运用以问代答的方法，对于应付一些不便回答的问题是非常有效的。

总之，在实际谈判中，回答问题的要诀就在于知道该说什么和不该说什么，而不必考虑回答的问题是否切题。谈判桌上的双方是在各方的实力基础上斗智斗勇。谈判过程好比是桥牌的叫牌过程，目的在于尽可能多地通过回答过程来了解对方的实力与信息，而尽量避免过早地暴露自己的底细。因此，在回答问题时要有艺术性和技巧，谈判人员必须熟练地加以掌握和运用。

三、商务谈判中的"叙"

商务谈判中"叙"是一种不受对方提出问题的方向、范围的制约的带有主动性的阐述，是商务谈判中传递大量信息、沟通情感的方法之一。因此，谈判者能否正确、有效地运用叙述的功能，把握叙述的要领，会直接影响谈判的效果。商务谈判中"叙"与"答"既有相通之处，又有很大的差别。"答"是基于对方提出的问题，经过思考后所作的，有针对性的、被动性的阐述；"叙"则是基于己方的立场、观点、方案等，通过陈述来表达对各种问题的具体看法，或对客观事物的具体阐述，以便让对方有所了解。

按照常理，谈判中叙述问题、表达观点和意见时，应当态度诚恳，观点明朗，语言生动、流畅，层次清楚、紧凑。具体地讲，谈判中的叙述应把握以下几项技巧。

（一）叙述应简洁、通俗易懂

商务谈判中的叙述完全不同于写文章，说出来的话要尽可能简洁、通俗易懂，使对方听了立即就能够理解，切忌叙述本方观点和立场时使用隐喻或专业性过强的语句和词汇。这样做可以使对方准确、完整地理解我方的观点和意图。

叙述的目的在于让对方相信本方所言的内容均为事实，并使其接受本方的观点。为了达到这一目的，叙述时一定简单明了，万万不可借助叙述来炫耀或卖弄自己的学问有多高深、学识有多广，这样做不但达不到目的，反而会令对方生厌。

（二）叙述应注意具体而生动

为了使对方获得最佳的倾听效果，我们在叙述时应注意生动而具体。这样做可使对方集中精神、全神贯注地听。

叙述时一定避免令人乏味的平铺直叙，以及抽象的说教，要特别注意运用生动、活灵活现的生活用语，具体而形象地说明问题。有时为了达到生动而具体，也可以运用一些演讲者的艺术手法，声调抑扬顿挫，以此来吸引对方的注意，达到本方叙述的目的。

（三）叙述应主次分明、层次清楚

商务谈判中的叙述不同于日常生活中的闲叙，切忌语无伦次、东拉西扯，没有主次、层次混乱，让人听后不知所云。为了能让对方方便记忆和倾听，应在叙述时符合听者的习惯，便于其接受；同时，分清叙述的主次及其层次，这样即可使对方心情愉快地倾听我方的叙说，其效果应该是比较理想的。

（四）叙述应客观真实

商务谈判中叙述基本事实时，应本着客观真实的态度进行叙述。不要夸大事实真相，同时也不缩小事情本来实情，以使对方相信并信任我方。'如果万一由于自己对事实真相加以修饰的行为被对方发现，哪怕是一点点破绽，也会大大降低本方公司的信誉，从而使本方的谈判实力大为削弱，再想重新调整，已是悔之无及。

(五) 叙述的观点要准确

在叙述观点时，应力求准确无误，力戒含混不清，前后不一致，这样会给对方留有缺口，为其寻找破绽打下基础。当然，谈判过程中观点有时可以依据谈判局势的发展需要而发展或改变，但在叙述的方法上，要能够令人信服。这就需要有经验的谈判人员来掌握时局，不管观点如何变化，都要以准确为原则。

(六) 叙述时发现错误要及时纠正

谈判人员在商务谈判的叙述当中，常常会由于种种原因而出现叙述上的错误，谈判者应及时发现、自己纠正，以防造成不应有的损失。有些谈判人员，当发现叙述中有错误时，总是碍于面子，采取顺水推舟、将错就错的做法，这是坚决要予以反对的做法。因为这样做往往会使对方产生误解，从而影响谈判的顺利进行。还有些谈判人员，当发现自己叙述中有错误时，便采取事后自圆其说、文过饰非的做法，结果不但没能"饰非"，反而"加非"，可谓愈描愈黑，对自己的信誉和形象实在是有损而无益，更糟糕的是可能会失去合作伙伴，后果实在可悲。

总之，商务谈判中的叙述，应从谈判的实际需要出发，灵活把握上述原则，以便把握好该叙述什么、不该叙述什么以及怎样叙述等等。

四、商务谈判中的"辩"

商务谈判中的"辩"最能体现谈判的特征，谈判中的讨价还价集中体现在"辩"上。谈判中的"辩"具有双方辩者之间相互依赖、相互对抗的二重性。它是人类语言艺术和思维艺术的综合运用，具有较强的技巧性。

作为一名谈判人员，要想训练自己的雄辩能力，在商务谈判中获得良好的辩论效果，应注意以下几点有关"辩"的技巧。

(一) 观点明确，立场坚定

商务谈判中的"辩"的目的，就是论证己方观点，反驳对方观点。论辩的过程就是通过摆事实，讲道理，以说明自己的观点和立场。为了能更清晰地论证自己的观点和立场的正确性及公正性，在论辩时要运用客观材料，以及所有能够支持己方论点的证据，以增强自己的论辩效果，从而反驳对方的观点。

(二) 辩路敏捷、严密，逻辑性强

商务谈判中的辩论，往往是双方进行磋商时遇到难解的问题时才发生的，因此，一个优秀的辩手，应该是头脑冷静、思维敏捷、讲辩严密且富有逻辑性的人，只有具有这种素质的人才能应付各种各样的困难，从而摆脱困境。任何一个成功的论辩，都具有辩路敏捷、逻辑性强的特点，为此，商务谈判人员应加强这方面的基本功的训练，培养自己的逻辑思维能力，以便在谈判中以不变应万变。特别是在谈判条件相当的情况下，谁能在相互辩驳过程中思路敏捷、严密，逻辑性强，谁就能在谈判中立于不败之地。这也就是谈判者能力强的表现。

(三) 掌握大的原则，不纠缠枝节

在辩论过程中，要有战略眼光，掌握大的方向、大的前提以及大的原则。辩论过程中要洒脱，不在枝节问题上与对方纠缠不休，但主要问题上一定要集中精力，把握主动。在反驳对方的错误观点时，要能够切中要害，做到有的放矢。同时要切记不可断章取义、强词夺理、恶语伤人，这些都是不健康的、应予以摒弃的辩论方法。

(四) 态度客观公正，措辞准确犀利

文明的谈判准则要求：不论辩论双方如何针锋相对，争论多么激烈，谈判双方都必须以客观公正的态度、准确的措辞进行辩论，切忌用侮辱诽谤、尖酸刻薄的语言进行人身攻击。如果某一方违背了这一准则，其结果只能是损害自己的形象，降低了本方的谈判质量和谈判实力，不会给谈判带来丝毫帮助，反而可能置谈判于破裂的边缘。

(五) 掌握好进攻的尺度

商务谈判中辩论的目的是要证明本方的立场、观点的正确性，反驳对方的立

场、观点上的不足，以便能够争取有利于本方的谈判结果。切不可认为辩论是一场对抗赛，必须置对方于死地。因此，辩论时应掌握好进攻的尺度，一旦已经达到目的，就应适可而止，切不应穷追不舍，得理不饶人。因为谈判中，如果某一方被另一方逼得走投无路，陷于绝境，则往往会产生更强的敌对心理，甚至于反击的念头更强烈，这样即使对方暂时可能认可某些事情，事后也不会善罢甘休，最终会对双方的合作不利。

当我们处于优势状态时，谈判人员要注意以优势压顶，滔滔雄辩，并注意借助语调、手势的配合，渲染己方的观点，以维护己方的立场。当我们处于劣势状态时，只有沉着冷静，思考对策，保持己方阵脚不乱，才会对对方的优势构成潜在的威胁，从而使对方不敢贸然进犯。

（六）注意个人的举止和气度

在辩论中，一定要注意自己的举止和气度。有些行为，比如语调高亢、唾沫四溅、指手画脚等，都是没有气质的表现，更谈不上什么气度了。辩论中良好的举止和气度，不仅会在谈判桌上给人留下良好的印象，而且在一定程度上可以左右谈判的辩论气氛向着健康的方向发展。有时，一个人的良好形象会比他的语言更具有诱惑力，这点是非常好理解的。

第三节　商务谈判中的情绪控制

一、商务谈判者的情绪解析

（一）谈判者情绪的定义

情绪是人脑对客观事物能否满足自己的需要而产生的一定态度体验。人的情绪对人的活动有着相当重要的影响。对于人来说，能够敏锐地知觉他人的情绪，善于控制自己的情绪，巧于处理人际关系的人，才更容易取得事业的成功。

谈判人员的情绪是指谈判的行为主体对谈判关系、谈判对象和整个过程的情感心态的外在表现。

谈判行为是谈判人员在一定的谈判环境中，为改变谈判客体而进行的有目的的活动。谈判人员之间在谈判活动中形成了相互作用、相互牵制、相互影响的关系，这种关系反过来又必然会作用于谈判者，引发相应的心理反应，产生并且外化为一定的情绪和态度，表现出谈判者肯定或否定、赞成或反对的态度和轻松或紧张、愉快或烦闷的情绪。这种谈判者主体的心理感应与外在表现，就是谈判者的情绪。

（二）谈判者情绪和谈判活动的互相影响

商务谈判者情绪的优劣会直接影响谈判者的行为效果，关系谈判的得失。良好、健康的谈判情绪，会使谈判双方精神愉快、心情舒畅，形成友好、和谐的谈判氛围，双方的立场就容易接近，分歧也容易化解，而不佳的谈判情绪会使谈判各方精神压抑，心情苦闷，形成僵持、冷漠的谈判氛围，导致各方互为抵制、对抗。[①]

1. 谈判人员情绪的影响作用

如果谈判者之间利益差异不大，谈判中的冲突就较少，谈判的氛围就比较轻松，谈判的情绪也比较稳定。谈判者的情绪稳定，反过来又促进谈判者之间的关系融洽，谈判起来就愉快、友好。

正面情绪会提高喜欢别人的程度，改进对人类本性的看法和善解人意的能力，同时减少侵略性和敌意。例如，让谈判者在谈判前收到一份小礼物，那么，这份礼物就会营造出"好心情"来。结果显示：这些心情好的谈判者在接下来的谈判中，能够达成有创意和整合式的协议，不仅如此，也比较不愿意使用高度竞争性的战略。

如果谈判者之间的利益差异较大，谈判中的冲突也相对明显，谈判的氛围就比较紧张，谈判者的心理压力情绪变化也较大。如果谈判者不能加以控制，这种

[①] 李力刚. 谈判说服力[M]. 北京：北京联合出版社，2013.

情绪就会作用于谈判，导致谈判者之间的关系对立，谈判难度就加大。

负面情绪对谈判结果的影响作用表现在：一是己方的负面情绪会给对方施加压力；二是己方的负面情绪极易刺激对方，引起对方的强烈反应。如果各方当事人均充满了强烈的斗志，根本没有共同协调以解决问题的心情，那么，谈判很容易陷入僵局，甚至可能破裂。

2．对谈判活动的影响

谈判者的情绪对谈判活动的影响，具体表现在以下三个面。

第一，情绪影响谈判者的双方关系。谈判者的情绪状态影响谈判中的双方关系。感受好的情绪状态，常常以亲切、友善、温和、乐观的言行表现出来，给对方传递相互肯定、相互信赖的信息，有利于建立合作性的相互关系。反之，不佳的情绪状态会令对方失望、沮丧，使彼此的关系变得冷漠、疏远、相互猜疑，缺乏信任感。

第二，情绪影响谈判氛围。情绪不仅影响谈判的相互关系，而且直接对谈判氛围带来影响。良好的情绪状态会使谈判氛围轻松、愉快、和谐、活跃，形成友好协商的氛围；而不佳的情绪状态，会给谈判氛围带来阴影，形成压力，制造紧张空气，妨碍谈判进行。

第三，情绪影响谈判者的正确判断。谈判者的情绪状态，会严重影响谈判者的行为选择，当谈判者情绪好的时候就可以提高兴趣，增强信心，以积极的情绪力量，转化为积极的行为选择，以提高行为的效果；当谈判者情绪恶劣时，就可能干扰理性决策，以消极的情绪力量转化为外在的行为，进而降低谈判者的正确决策，最终影响谈判的整体效果。

(三) 谈判者情绪的类别

从不同的角度进行划分，谈判者情绪的类型各有不同。这里主要从谈判者的情绪性质和情绪状态两个层面来加以说明。[①]

[①] 刘必荣. 完美谈判[M]. 北京：北京大学出版社，2007.

1. 从情绪性质上分类

从谈判者的情绪性质上可以分为欢愉情绪、失望情绪、愤懑情绪、恐惧情绪这四点。

第一，欢愉情绪。一般是指谈判者对谈判的结果乐观，对自己的能力自信，并在实践中得到体验的一种谈判情绪。谈判者的这种情绪，一般是基于对谈判结果自信，需要已经得到满足或将要得到满足的一种积极情绪状态。这种情绪可以提高工作效率，对谈判有积极的推动作用。

第二，失望情绪。多指谈判者对谈判的结果悲观，对自己能力缺乏自信，并在实践中体验着的一种谈判情绪。谈判者的这种情绪，多是预感谈判结果对己不利，需求无法得到完全或部分满足的一种消极情绪状态。这种状态会降低工作效率，甚至会给谈判带来损害。

第三，愤懑情绪。谈判者由于对谈判结果失望，对对方不满和需求无法得到满足的心情沉积在实践中体验的一种沮丧情绪。这种情绪常常表现为迁怒对方，立场对抗，对谈判具有破坏性，往往会导致谈判陷于僵局，甚至造成谈判破裂。

第四，恐惧情绪。它是指谈判者对谈判结果和对手以及对自己能力的怀疑，而形成的害怕的心理压力，在实践中的一种情绪体验。情绪一般是由于谈判难度较大，对手强硬难以应付，自己准备不足，又缺乏能力而产生的焦虑心理的沉积。这种消极情绪会严重影响自己谈判能力的发挥和谈判活动的健康发展，给己方带来不利的后果。

2. 从情绪状态上分类

谈判者情绪从状态上可以分为常态情绪、热态情绪、激奋情绪和应激情绪这几类。

首先是常态情绪。谈判者的常态情绪是指谈判者在通常情势下，所持有的较持久、稳定的一种通常心态情绪体验。谈判者的常态情绪也可表现为乐观、苦闷、焦虑等，但其体验较弱，仅仅是一种倾向，并不会引起情绪的较大波动。注入谈判者不同常态情绪倾向的因素很多，如对谈判的态度、谈判者的关系、谈判环境、谈判者的性格修养，都可能影响谈判者的心境，使之表现出某种倾向性。谈判者常态情绪是影响谈判行为、谈判氛围的重要因素。良好的谈判者常态情绪，可以为谈判的顺利进行提供情绪上的保障，而不好的常态情绪则会影响谈判的健康发展。

其次是热态情绪。谈判者的热态情绪是指谈判者在谈判过程中所表现出来的感情浓烈、深厚和相对稳定的情绪体验。这种情绪的形成，一般是由于谈判者受到来自外部刺激，对谈判议题或谈判对方产生兴趣，对谈判前景看好的心境外化。这种热态情绪是常态中的倾向性发展，而且往往是与谈判对手的情绪状态相呼应的。谈判者的热态情绪，会促进谈判进程，消化谈判矛盾，有益于谈判成果的取得。因此，谈判者最好能把情绪调适至热态，保持对谈判的兴趣，以感召或呼应谈判对手的情绪，为谈判的成功提供良好的氛围。

还有激奋情绪。谈判者的激奋情绪是指谈判者在谈判活动中，偶然产生的一种暂时性激烈的情感体验。激奋情绪既可表现为极度高兴，也可表现为极度痛苦、悲伤、愤怒和恐惧。谈判者激奋情绪，一般是指由于外部的强烈刺激而导致的情绪波动，如兴高采烈、暴跳如雷、惊恐不已、呆若木鸡等，都是一种激奋感情心态的外化。

当谈判者受到某种刺激而导致心理上的异常反应时，认识问题、思考问题的能力就会降低，往往会受情绪操纵，做出不良反应。但是激奋情绪也不都是消极的，有的激奋情绪有益于加大工作强度，推动谈判发展。例如，当谈判桌上传来某种有利谈判的喜讯，就会激发谈判热情，推动谈判的进展。

最后就是应激情绪。谈判者的应激情绪是指谈判者在谈判活动中，由于情势突然发生变化而产生的极度紧张的情绪状态。这种情绪状态较之激奋情绪更具突发性和剧变性。根据实验证明，应激状态会改变人体内部的激活水平，使心率加快、血压、内分泌、肌肉等紧张程度发生明显变化，有时还会伴有身体的诸多不适。在应激状态时，常常能使一些人手足失措，难以自持。

总之，谈判者各种情绪都会对谈判工作有直接影响，谈判者要想维持良好的谈判氛围，确保谈判成功，就要力避消极情绪状态对人的理智与行为的不良影响，保持或调节到最佳情绪状态，以使谈判效率最大化，取得最佳的谈判成果。

二、商务谈判者情绪的调整能力

在错综复杂的商务谈判中，免不了会出现各种情绪的变化和波动。当异常的情绪波动出现时，要善于采用适当的策略办法对情绪进行调控，而不能让情绪对谈判产生负面影响。

（一）如何知晓、掌握对方的情绪状态

1. 使对方的情绪表现出来

有时，谈判双方具有针锋相对的情绪时，会使双方的精神处于亢奋状态。容易使双方丧失理智，忘记自己的实质利益所在，往往会使谈判双方越走越远，无法达成共识。这时，不妨坦诚地道出自己所判断出的情绪问题，引导对方也认识到这个问题，从而把双方的情绪公开化，增进双方对这个问题的了解，把双方拉回到理性磋商的层面上来。

把自己和对方的情绪问题坦诚地都拿出来，放到桌面上加以考虑和讨论，不但能够强调这个问题的严重性和强度，而且，能够削减谈判时的"针锋相对力度"，进而促使谈判走向积极的一面。通过双方情绪的公开化，会使双方压抑的情绪得到疏解，使双方的注意力重新回到实质问题上来。这时，双方在实质问题上的合作就可能取得进展。

2. 允许对方发泄情绪

一般来说，人一旦把自己的不满说出来，就会有一种解脱感。因此，要想巧妙地应付对方的愤怒、沮丧和其他负面的情绪，最好的方法是给对方一个能够发泄情绪的机会。容许对方发泄情绪，会使对方压抑的心情疏解过来，对于这个道理，人们在日常生活中也会有所体会。

谈判者如果能耐心地容许对方发泄情绪，那么，当对方把自己心中的郁闷情绪发泄完时，必然能够非常理性地投入谈判。在这个过程中，谈判者应该默默地倾听，让对方把想说的话说完。当然，如果谈判者偶尔说一句："请继续说下去!"则效果会非常好。在对方发泄完以后，谈判者不必对对方的不满发表评论，更不必去承认对方的不满是多么有理由，只要让对方把话说完，心中就不会再有负面

情绪了。

3. 不打击对方发泄的情绪

当对方宣泄情绪时，极易引起自己情绪性的反应，因此，一定要注意保持自己平静的心态，控制好自己的情绪，有时甚至得压抑自己。为了掌握对方的情绪，控制谈判的进程，有时压抑自己也是必不可少的。因为在这种情形下，只有压抑、控制自己，才能有效地影响对方，使谈判朝着正确的方向前进。

4. 缓解对方的情绪

谈过恋爱的人会知道：要使恋爱中的男女停止争吵，男方应主动向女方馈赠能表达爱情的小礼物(如红玫瑰等)。在谈判中有些方法也与此类似，代价很少，功效却很大。例如，主动与对方握手，邀请对方聚餐，一段略表歉意的话，带一份小礼物给对方的孩子等，这些办法都不需要付出很大代价，都能有效地消除对方的敌意和对抗情绪。

(二) 谈判人员的情绪怎样达到最佳状态

谈判活动是一种高度理性的智力竞争活动，谈判者始终应以理性的、平和的心态和积极的情绪状态，来保证谈判工作的效率。那么怎样保持谈判者的最佳情绪状态，首先要了解谈判者的积极情绪与消极情绪的不同表现。

1. 积极情绪的表现

谈判者的积极情绪主要表现在以下几个方面。

第一，谈判开局时，谈判者精神状态饱满，在谈判桌上给人留下的"第一印象"是主动、热情、友好、大度；第二，谈判开始后，谈判者言谈举止坚定自信、潇洒自如、情感真诚、态度和蔼；第三，在双方协商问题时宽厚、礼让、和气、风趣，特别是认真倾听，保持相互交谈的兴趣；第四，把友谊作为谈判的纽带，"买卖不成仁义在"；第五，遇到意见分歧时，心平气和，耐心劝说，与人为善，尽快消解矛盾；第六，尽量避免无休止的论争，善于灵活、技巧地打破僵局；第七，主动让步，善于用妥协赢得双方需要的结果；第八，善始善终，情绪稳定，给人留下"建设性的合作伙伴"的总体印象。

2．消极情绪的表现

在谈判的过程中，常见的消极情绪主要有以下几种：①谈判开局亮相状态不佳，缺乏热情、主动、坦率、友好的表现；②言谈举止，情绪低落、反应冷漠；③磋商问题时精力不集中，谈论议题难以深入；④遇到意见分歧时易于激动，常常感情用事；⑤性情急躁、缺乏耐心和谅解精神；⑥遇到谈判僵局时常常滋生对抗情绪；⑦不善于用妥协寻求和解；⑧情绪极不稳定、反差很大，令对方无法信任。

谈判者保持什么样的情绪状态，对谈判的效率会有很大的影响。心理学家赫布(Hebb)的研究成果表示：当谈判者的情绪激活水平极低，如萎靡不振、昏昏欲睡、打不起精神时，谈判的效率非常低。随着谈判者情绪激活水平不断提高，如精神振奋、积极思考、精力专注、研究对策时，谈判者的效率也就随之不断提高。当谈判者的情绪激活水平调整到一个最佳状态时，谈判的效率也就最高。这时，如果谈判者的情绪激活水平再提高的话，谈判的效率反而会随之下降。这表明，这时的情绪对谈判者造成了负面影响，干扰了谈判工作。因此，谈判者在谈判中应注意自己的情绪状态，调适自己的情绪水平，力争把自己的情绪调整在最佳状态，使自己在谈判效率上的活力充分发挥出来。

3．增加双方情感的交流

情感是谈判者对谈判对手能否满足自己需要的态度体验，谈判者的情感始终处于对其意识的支配地位，它常常以内隐的形式出现。情感是情绪的内在依据，因此，加强与谈判对手的情感沟通，是影响对方的情绪、进而控制谈判进程的重要手段。

(1) 满足对方自尊和被人尊重的需要。自尊就是谈判者能维护自己的尊严，既不向对方卑躬屈膝，也不受对方侮辱。自尊是谈判者的一种情感需要。在谈判中，不能侮辱对方的人格，要以礼待人，不要把双方在实质利益上的对立演变成"个人恩怨"。应"强硬对事、温和对人"。要尊重对方，注意顾及对方的颜面，把谈判导向"对事不对人"的氛围，满足对方尊重上的需要，这是双方建立起私人情感的前提和基础。

(2) 满足对方友谊的需要。对方也许想通过谈判找到一个能长期真诚合作的伙伴，建立互惠互利的关系，也就是说，谈判对方可能会希望与自己建立起真挚的友谊。谈判者应注意判断对方是否怀有这种期望，即判断对方是否怀有"既做生意，也做朋友"的愿望。如果对方这种愿望很强烈，则己方可以采取合作的态度，致力于长期友好合作关系的建立，同时也可以发展起私人间的友谊。如果对只想做"一锤子买卖"，对方在谈判中的进攻性会很明显，这时若想建立起长期合作的友谊，则比较困难。

(3) 利用情绪增强谈判力量。前面讲的是一般情况下谈判者在情绪上应采取的策略。有时，谈判者也可以有意识地采取一些非常规的情绪手段，来有效地影响对手，达到自己的目的。把情绪作为一种武器，它既可能滋生力量，也可能把谈判搞砸。从这个意义上讲，非常规的情绪手段是一把"双刃剑"。它既可能"伤着"对方，增加己方的相对实力，也可能"伤着"自己，使自己处于不利境地。因此，谈判者在考虑采用非常规的情绪手段时，一定要认真掂量，仔细权衡，切不可犯"冒进"的错误。

情绪手段运用得好，的确可以滋生力量。很多谈判者在谈判实践中就运用了这一规律。

下面就介绍一些可以在谈判中滋生力量的情绪手段：①发怒。发怒可以引起对方的注意，表示发怒者的决心，进而可以产生胁迫对方的效果。发怒为什么能滋生力量呢？因为发怒能使对方感觉不舒服，进而给对方产生压力感。当然，"发怒"也是一把"双刃剑"，一定要谨慎从事；②悲痛。悲痛可以获得对方同情，瓦解对方斗志，筑起牢不可破的长城。在谈判中"悲痛"可以化为"力量"，瓦解对方的决心，为自己争得更多利益。当然，作为一种非常规的情绪手段，"悲痛"在谈判实践中并不经常用到；③大笑是自己开心的表现，可以帮助掌握对方的反应，给自己创造选择和改变话题的自由；④让对手感到愧疚。人们在心理上总是不愿意去占不该占的便宜的，所以，让对手感到要求有点过分，引发对手的愧疚感，极有可能会使对手做出让步。

(三) 如何平息谈判对手的愤怒

一般来说，谈判对手的感情冲动，往往有三种目的：一是为了从气势上压倒；

二是为了激怒；三是为了尽快发泄心中的怨恨之气。在谈判过程中，当对手感情冲动时，首先要明白，冲突不是目的，获得收益才是目的。这时候可以运用各种方法缓解对手的感情冲动。

首先是让座。感情冲动者基本上都是站立着的。为了缓解对方的冲动，最好坐下来说话，最好坐在较矮的沙发上，坐着的人是很难大怒的，坐的姿势会大大限制胸部扩张，使其怒气不足。其次是较为激烈的情绪状态，一般均不能长时间维持，过上一段时间自然就会平缓得多。因此，时间是抹平感情冲动的良药。拖延，也就是利用时间来缓解感情的冲动，待其平静后再进行正式的谈判。可以用请喝茶、请抽烟、请吃饭、休会、出去打打球等方法，使对方平静下来。还有就是换环境。对方感情冲动时，可以通过换环境来缓解对方冲动的感情。另外一种是漠视。对于暴怒者争论，可以尽可能漠视它，要么装作没听见，要么不发表任何意见，要么绕过去，要么要求对方"再说一遍"。

第四节　商务谈判中"说服"的要诀

商务谈判中，很重要的工作就是说服，常常贯穿于谈判的始终。那么，谈判者在谈判中能否说服对方接受自己的观点，以及应当怎样说服对方，从而促成谈判的和局，就成了谈判能否最后成功的一个关键。

谈判之前，任何一方都有设法说服对方的意图。然而实际操作起来，到底是谁能说服谁，或者彼此都没有被说服，或者相互说服，达成了一种折中意见，这三种结局往往是事先不好断言的。谈判者只有进入谈判实际中，才能一较高低，得出答案。在此，我们从谈判者行为心理角度，结合商务谈判实践，提出以下有关说服的技巧。

在说服他人的时候，最重要的是取得对方的信任。只有对方信任你，才会正确地、友好地理解你的观点和理由。社会心理学家们认为，信任是人际沟通的"过滤"。只有对方信任你，才会理解你友好的动机，否则，即使你说服他的动机是友好的，也会经过"不信任"的"过滤器"作用而变成其他的东西。因此，说服他人时能取得他人的信任，是非常重要的。

一、站在他人的角度设身处地地谈问题

要说服对方，就要考虑到对方的观点或行为存在的客观理由，亦即要设身处地地为对方想一想，从而使对方对你产生一种"自己人"的感觉。这样，对方就会信任你，就会感到你是在为他着想，这样，说服的效果将会十分明显。

二、创造出良好的"是"的氛围

从谈话一开始，就要创造一个说"是"的气氛，而不要形成一个"否"的气氛。不形成一个否定气氛，就是不要把对方置于不同意、不愿做的地位，然后再去批驳他、劝说他。比如说："我晓得你会反对……可是事情已经到这一步了，还能怎样呢？"这样说来，对方仍然难以接受你的看法。在说服他人时，要把对方看作是能够做或同意做的。比如"我知道你能够把这件事情做得很好，只是不愿意去做而已"；又比如："你一定会对这个问题感兴趣的"等等。商务谈判事实表明，从积极的、主动的角度去启发对方、鼓励对方，就会帮助对方提高自信心并接受己方的意见。

美国著名学者霍华曾经提出让别人说"是"的30条指南，现摘录几条如下，供谈判者参考。

(1) 尽量以简单明了的方式说明你的要求。

(2) 要照顾对方的情绪。

(3) 要以充满信心的态度去说服对方。

(4) 找出引起对方关注的话题，并使他继续关注。

(5) 让对方感觉到，你非常感谢他的协助。如果对方遇到困难，你就应该努力帮助他解决。

(6) 直率地说出自己的希望。

(7) 向对方反复说明他对你的协助的重要性。

(8) 切忌以高压的手段强迫对方。

(9) 要表现出亲切的态度。

(10) 掌握对方的好奇心。

(11) 让对方了解你，并非是"取"，而是在"给"。

(12) 让对方自由发表意见。

(13) 要向对方证明，为什么赞成你是最好的决定。

(14) 让对方知道，你只要在他身旁，便觉得很快乐。

三、说服用语要推敲

在商务谈判中，欲说服对方，用语一定要推敲。事实上，说服他人时，用语的色彩不一样，说服的效果就会截然不同。通常情况下，在说服他人时要避免用"愤怒""怨恨""生气"或"恼怒"这类字眼，即使在表述自己的情绪时，比如像担心、失意、害怕、忧虑等，也要在用词上注意推敲，这样才会收到良好的效果。

四、寻找共同点

在商务谈判中要想说服对方，除了要赢得对方的信任，消除对方的对抗情绪，还要用双方共同感兴趣的问题作为跳板，因势利导地解开对方思想的纽结，说服才能奏效。事实证明，"认同"，是双方相互理解的有效方法，也是说服他人的一种有效方法。所谓认同，就是人们把自己的说服对象视为与自己相同的人，寻找双方的共同点，这是人与人之间心灵沟通的桥梁，也是说服对方的基础。寻找共同点可以从以下几个方面人手：

(1) 寻找双方工作上的共同点。比如，共同的职业、共同的追求、共同的目标等。

(2) 寻找双方在生活方面的共同点。比如，共同的国籍、共同的生活经历、共同的信仰等。

(3) 寻找双方兴趣、爱好上的共同点。比如，共同喜欢的电视剧、体育比. 赛、国内外大事等。

(4) 寻找双方共同熟悉的第三者，作为认同的媒介。比如，在同陌生人交往时，想说服他，可以寻找双方共同熟悉的另外一个人，通过各自与另外一个人的熟悉程度和友好关系，相互之间也就有了一定的认同，从而也就便于交谈和说服对方了。谈判活动中也是如此。

五、抓住时机、列举实证

谈判成功的一个重要方面在于把握时机。时机会给谈判者的说服工作增添力量。这里所讲的时机包括两个方面的含义：一是己方要把握对说服工作有利的时机，趁热打铁，重点突破；二是向对方说明，这正是接受意见的最佳时机。通过向对方讲清，人往往由于未能很好地听取别人的意见，而永远地失去了成功的机会的道理，对方就会自动做出抉择。

在抓住时机的同时，能够列举实证，讲一讲实证例子的具体情节，帮助己方证明自己观点的正确性，也是非常有帮助的。比如，在证明自己是能够如期履约的问题时，只靠下保证或表决心是不能说明问题的，对方也不会信服。这时可在适当的时候，列举本方过去与某客商如期履约的实例，特别是如果能够列举自己在比较艰难的情况下仍如期履约，这对说服对方相信自己是非常有效果的。

综上，说服工作的关键在于抓住对方的心，在此基础上，再结合前边所述"听""看""问""答""叙""辩"的技巧，本着谈判的需求原理，综合地加以运用，统筹兼顾方能收到良好的效果。

最后，以美国前总统林肯说过的一段话来结束本章的内容："这是一句古老而颠扑不破的处世真理：一滴蜂蜜比一加仑的胆汁能招引更多苍蝇。人也是如此，如果你想赢得人心，首先让他相信你是最真诚的朋友。那样，就像有一滴蜂蜜吸引住他的心，也就是一条平坦大道，通往他的理性。"